南京稀见文献丛刊

秦淮志

（民国）夏仁虎 撰

点校 杨献文

南京出版传媒集团
南京出版社

图书在版编目（CIP）数据

秦淮志 /夏仁虎撰.—南京：南京出版社，2006
（南京稀见文献丛刊 / 李海荣，金承平主编）
ISBN 978-7-80718-202-3

Ⅰ.秦… Ⅱ.夏… Ⅲ.南京市—地方志
Ⅳ.K295.31

中国版本图书馆CIP数据核字（2006）第071766号

丛 书 名：南京稀见文献丛刊
丛书主编：李海荣 金承平
书 名：秦淮志
作 者：（民国）夏仁虎
出版发行：南京出版传媒集团
南 京 出 版 社
社址：南京市太平门街53号 邮编：210016
网址：http://www.njcbs.cn 电子信箱：njcbs1988@163.com
天猫1店：https://njcbcmjtts.tmall.com/ 天猫2店：https://nanjingchubanshets.tmall.com/
联系电话：025-83283893、83283864（营销） 025-83112257（编务）

出 版 人：朱同芳
出 品 人：卢海鸣
责任编辑：沈丽国
封面设计：王 俊
版式设计：毛晓剑
印 刷：南京工大印务有限公司
经 销：全国新华书店
制 版：南京新华丰制版有限公司
开 本：890毫米×1240毫米 1/32
印 张：4.125
字 数：80千
版 次：2017年8月第2版
印 次：2017年8月第1次印刷
书 号：ISBN 978-7-80718-202-3
定 价：22.00元

天猫1店 天猫2店

总 序

“江南佳丽地，金陵帝王州。”古都南京有着悠久的历史和灿烂的文化，昔日的历史文献绵延千年，颇为兴盛，如《建康实录》、《景定建康志》、《至正金陵新志》、《洪武京城图志》、《金陵古今图考》、《板桥杂记》、《同治上江两县志》、《金陵岁时记》、《首都志》、《陷京三月记》等，不胜枚举。为充分发挥地方历史文献“资治、存史、教化”功能，南京出版社和南京市地方志编委会办公室共襄盛举，同时联合南京市规划局、侵华日军南京大屠杀遇难同胞纪念馆、中山陵园管理局孝陵博物馆、秦淮区地方志办公室等多家单位，共同出版这套《南京稀见文献丛刊》。

本丛刊第一批收录南京地方文献计七册十一种：

第一册《洪武京城图志·金陵古今图考》。两书均为明人撰写的以图文互动形式记述南京的典籍。《洪武京城图志》为明太祖朱元璋敕礼部纂修，以图文并茂的方式，描述了明初首都南京的恢宏气象，并附有多篇名家的序、记、考、跋。《金陵古今图考》为明代陈沂撰，以宋元方志等为本，据以绘图，附以考证，绘写出从先秦至明季南京历代锦绣山河和都会街肆。

第二册《秦淮志》。民国夏仁虎撰，本书以百里秦淮河为主线，上起源头，下至入江口，详细记载了秦淮河流域特别是十里秦淮两岸的历代名士佳人趣闻轶事和风物胜景，读来令人兴味良多。

第三册《明孝陵志》。民国王焕镳撰，作者搜罗史书、志书、杂记、诗文种种，分门别类记述了有关明孝陵方方面面的内容。其记录名胜古迹、保存典章故事之举，功不可没，亦可为今日保护管理该古迹之参照。

第四册《首都计划》。国都设计技术专员办事处编，是中华民国国民政府在民国十八年(1929年)所编制的建设首都南京的计划大纲。该计划吸收当时古今中外的建设理念，对抗日战争前的民国南京城的各项建设发挥了重要的指导作用，对于今天的城市建设仍有相当的参考价值。

第五册《陷京三月记》。民国蒋公穀著。作者系抗日战争中的南京守军军医，在南京沦陷之际因负责城防救护工作被围，隐于难民之中三个月，目睹日寇南京大屠杀之惨状，以日记体裁记述史实，为世人了解侵华日军南京大屠杀真相提供了真实可信的第一手资料。

第六册《板桥杂记·续板桥杂记·板桥杂记补》。三书均为记载南京青楼文化的专著。《板桥杂记》，明清之际的余怀所著，本书写明末南京的教坊妓院之人事；《续板桥杂记》，清珠泉居士撰，是作者涉足妓馆的风月纪实，记录了作者在乾隆后期的“旧欢”往事；《板桥杂记补》，清末民初金嗣芬编，上溯明末，下及清末，搜集文献，辑录旧闻，是反映南京青楼文化的又一力作。

第七册《金陵岁时记·岁华忆语》。两书均为记述旧时南京民俗的佳作。两书对南京岁时民俗进行了全面、系统的介绍，特别是《金陵岁时记》，堪称是研究南京岁时民俗的开山之作。南京的岁时民俗文化丰富多彩，阅两书不仅可见清末民初南京民俗之大观，而且可以了解南京乃至中华民俗的源流和发展脉络。

为了做好这批稀见文献的出版工作，我们专门邀请了南京史学界前辈茅家琦、蒋赞初、梁白泉先生为学术顾问，给予指导；同时，聘请了多位专家学者参与点评工作。本丛刊在版本上择善而从，同时参校其他的各种版本。为了尽量保持原书的面貌，我们确定了如下的原则：书中的通假字，以及小字和圆括弧标注者，保留不动；异体字（如“眎”为“视”之异体）及错刻字（如“上巳”误为“上己”）径改；有明显历史错误者及少数错字，在页尾注明；缺漏字以方框表示，可以确定的缺漏字直接补上，不能确定的字在方框后以圆括弧注明。

地方历史文献的整理是一项重要工作，在本丛刊出版之际，我们诚恳期望各位读者朋友提出宝贵意见，以利于这项工作更好地开展下去，真正发挥历史文献的功用，为今天的社会主义现代化建设事业服务。

《南京稀见文献丛刊》编委会

导读

夏仁虎(1874~1963年),字蔚如,号枝巢,南京人。夏氏兄弟四人,而其尤著名。曾肄业于江阴南菁书院,光绪壬寅年(1920年)举人,以京官用。多年寄居北京。辛亥革命后,先后任北洋政府财政部次长等职,张作霖入关时,任国务院秘书长。北伐战争后退休,从事著述、讲学。曾主修《北京市志》,重修《江苏通志》补“耆献传”300篇,又撰写《秦淮志》《玄武湖志》《岁华忆语》《南京明遗民录》等。有《文集》10卷、《枝巢编年诗》40卷、《啸庵词》《枝巢四述》《国策选腴录》《枝巢新乐府》《清宫词二百首》《旧京琐记》等。沦陷时期,隐迹讲学,执教于北大、北师大等校。1949年中华人民共和国成立后被聘为中央文史馆馆员。他藏书甚富,1960年,将500余种有关本乡之著作及文献邮寄南京,捐献给市文管会,其中有珍本《景定建康志》。

秦淮,既是秦淮河的简称,也可作为南京的代称。现有10余种以秦淮河为主线,记载秦淮事迹之书。然而,《秦淮志》却是第一部记述秦淮的志书,它是夏仁虎先生1944年夏天所撰,其时70岁整。该志首载于民国《南京文献》。

1989年，南京市秦淮区地志办据《南京文献》本重为校刊，印单行本，对修志和旅游事业作用颇巨。今观其影响，与记史之《建康实录》，记行政区域之宋《景定建康志》，元《至正金陵新志》，明《万历上元县志》和《正德江宁县志》，清《重刊江宁府志》《续纂江宁府志》《同治上江两县志》，民国《首都志》；杂记之《世说新语》《六朝事迹编类》《板桥杂记》《秦淮广记》《金陵待征录》；记山水之《玄武湖志》《莫愁湖志》《牛首山志》《献花岩志》；记寺庙之《栖霞寺志》《金陵大报恩寺塔志》《瓦官寺志》（佚）、《金陵梵刹志》；记园林之《瞻园志》；以及记一隅之小志《凤麓小志》《东城志略》《运渎桥道小志》《钟南淮北区域志》等，汇合成为古都金陵数千年文明史的丰富资源，是南京人民的精神宝库。

《秦淮志》6万余字，所记上起秦淮源头，下至淮水入江口，计110里之遥，而重在十里秦淮两岸，也泛记玄武湖、鼓楼岗以南地区。全书12卷，分三部分，前三卷记流域桥梁，占22%；中间七卷记人物、古迹、坊市、游船和园林，占68%；后二卷录诗作杂记，占10%。

前三卷，自句容县茅山和溧水县独山（东庐山）起，写河水源头，二流至江宁区方山汇合为一支干流，顺而下至上水关（今通济门外），入城后又纳大小支流四，出西水关入江。这一部分中的"汇通卷"，网罗沿河28处水系自然状况。其中有湖圩、洲渚、沟壕、渡浦、汀埭、河口水关，共12种类型，同时列记古今桥梁、浮航95座。有史有记有录，资料丰富，在今日数出这么多桥梁亦是不易的，何况当年作者居于异地燕京（北京），更是难能可贵。

中间七卷，所记众多。其突出特色：一是第五卷人物中，记台湾第一任总督刘铭传，卸任后居秦淮河岸“刘河厅”，以及其倡议保护秦淮水面，反对占用河道打桩建筑河房和晚年生活。这是清末《同治上江两县志》以后，陈作霖《金陵琐志》和民国王焕镳《首都志》空白，留下了新的鲜活的史料。二是第九卷游船，以“断代志”（续志）方法详记了画舫和游船。船名船型有滕棚、楼子船、小边港、潦板、局船、火食船、摸黑船、佛事船、歌船、围棋船、私烟船、卖唱船、小卖船，计 13 种。这些是其他志书所无之内容，与明末吴应箕《留都见闻录》所记河厅河房，清余怀《板桥杂记》所记丽品，合之为一则成为十里秦淮的画舫、河房、伎品的完整形象，天成而自然，殊为可贵。三是第十卷女闾，记述了清代至民国，驰娼变禁娼，妓女变歌女的经过。此卷实破历代志书写作之樊篱，记述了社会底层的人群——妓女，开了近代志书在这方面的先例，为千百年来志书所无。其余四卷，则用修通志的方法，辑历代志书之史实，存其规模而已。

后二卷题咏杂记，录入诗 91 首、异闻 28 则。

文末，记闲话一则。秦淮耆老仇良矩先生曾说，夏四先生居殷高巷（今钓鱼台派出所和幼儿园之地），文物界称殷高巷明清住宅（26、28 号），有女“九儿”，洒落不羁，宅边小巷因呼“九儿”。名流吴廷燮乃夏氏儿女姻亲，故寄居之；

日日往瞻园中，修补《江苏通志》稿。参看《秦淮志》末，夏仁虎先生有“饮虹桥西九儿巷……余南归卜居……购而结枝巢焉”之语，岂不信哉！

此次重刊，曾经于仇良矩、赵元植处找寻夏氏后裔，以说明此役，然不能如愿，以俟后来。

点校中承胡舜庆、汪可夫助校，金戈、朱汉宁查找资料，志此为谢！

杨献文

《秦淮志》序

秦淮之地，金陵一衣带水耳。秦淮之事，金陵一北里平康耳。顾自明初设教坊司以来，而青楼管弦，风流不歇，绵历乃逾数百年。山川妍媚，所借以存六朝金粉之气者，其在斯乎。余澹心之为《板桥杂记》也。所述人物事实，举不外是。而使人读之，皆若有一往情深而不自禁者。禁岂非以其时际乱亡事皆哀艳，足以动人情感乎。孔东塘演为传奇，虽属小道，亦且流入近，传播人间。盖其人其事，诚有可传者也。抑吾闻之，曾文正初督两江，闻秦淮歌管之声，而欣然色喜，殆以为大难初夷，而承平渐复也。然则秦淮一隅之废兴，固与时运之盛衰，人心之愉惨，民生之菀枯，所关亦至钜矣。吾枝巢同年，生长是邦。蚤岁钓游，睹其复兴。中年游宴，觇其极盛。晚岁倦归，怅其渐衰。今则流水栖鸦，江山依旧。风台月榭，景物全非。狐兔纵横，风尘殄瘁。一生所历，而势若转烛。俯仰今昔，其感慨为何如也。乃参稽图志，辨析支源，著其宣潴之利害，而于秦淮腻史亦详述焉。庾子山羁滞北周，老不得归，乃作哀江南赋，以寄乡关之思。君之及斯时而汲汲为是也，其亦犹斯意也乎。

癸未嘉平月上旬年愚弟傅岳棻拜序。

自 序

江南山川之美，古今共谈，秦淮其尤著也。顾金陵诸山水多有志，而秦淮独无。间尝思之，殆有二难。彼虽一衣带水，然具四县三百余里之流域，与两岸殷阗繁变之民物，则水也。而侔于郡邑矣。关二千年之史迹，及九朝都会兴衰治乱之故，则志也。且进于史矣。用小志体，不足尽其蕴，又不当漫然同于郡邑志，此一难也。自来志山水者，率别觅一景一物为主，若清凉主僧寺，棲霞摄山主题字，庐山天台雁荡主瀑布，盋山主薛庐，皆是也。志秦淮将何主。得毋女闾乎，详之伤志体，略之失志实，此二难也。用兹二难，故先辈不欲以搏象之力搏兔。而秦淮遂终于无志。虽然文章体例，亦何尝之有，要在适于用而已。秦淮本在都市，于人事近，非一邱一壑比也。即以郡邑志体行，庸何伤。且吾乡郡邑志之不修，将百年矣。老成日益凋落，文献将尽丧失。今志秦淮，即稍涉广泛，亦他年征考之资也。太史公作史记，独传货殖游侠。欧阳作五代史，而传伶官宦者。亦讵有先例。志秦淮而不遗女闾，又何责焉。今年长夏畏出，欲借一役以自遣，乃起而属稿。窃不自揣，欲熔记传为一体，合雅郑于一篇，成稿十二卷。曩作《玄武湖志》成，颇有谀其体例严洁者。今兹之作，乃稍用己意为出入。晚年才力退欤，识力进欤，听诸通人之评议。然竟取前辈所难者而冒为之，亦颇自诧其勇也。抑余尝谓凡一撰著，味余于言者上也。掩卷意尽，斯为下耳。记秦淮事迹之书，无虑数十种。而《板桥杂记》独传，岂不以中历沧桑，予读者以抚今追昔之感乎。若余所历六七十年间，沧桑之感，较澹心而数倍之，是弗虑言外之无味。顾念澹心虽经乱世，终见太平。其时秦淮士女，亦盛极一时，足以供其点染。故越二三百年，犹有手其遗编，用寄遐想者，则所遭亦不为非幸。余生不辰，乃并世人才，亦与时而并降，其可记述，盖寥寥矣。即欲效澹心之文，顾不可得，乃不得已而为庄语、为滑稽，其穷可知也。衰迟暮景，来日大难，尚复不知所届。兹稿虽成，亦且散如落叶耳。即幸而得传矣，有能于此志中，寻世道升降之故，民生荣瘁者乎，未可知矣。噫！

癸未中元日枝巢自叙于北枝巢，时年正七十。

述　例

此亦山水小志耳，然颇欲用公羊例，以旧籍所载者为传闻世，而流域、汇通、津梁、名迹、题咏五志归之。以闻诸父老者为所闻。世身所及见者为所见世。宅第、园林、坊市、游船、女闾、余闻六志，三世并述。人物则但述所见世。

秦淮流域，数有变迁，诸家记载，或不尽合，兼采并录，以资考证，不敢武断也。而侧重水利，乃其本旨。

淮流虽发源二山，同注于江。而受青溪、北湖、运渎、城壕诸水，句容、溧水诸湖港亦入焉。汇通之水，不可不志。

津梁、坊市，淮道之表也；名迹、宅第、园林，淮水之光也。依次以志。

志地而及人物，昉自乐史，后之作志者咸依之。特念六代贵游，夹河立宅，金陵人士，皆饮淮流，泛志之，侵郡邑矣。故但记所见世。以补邑志，与金陵通传之阙。

秦淮题咏，古来夥矣，不能悉载。且陵谷屡变，风景亦殊，抑无谓也。断自清代，限以郡人，俾近而可征也。

游船、女闾之志，儒者弗取。然自打桨迎桃，留湾贮玉，千载以来，秦淮与此二者，已成不可离之局，故志之。虽复侧艳琐碎，而物力之赢虚，人材之升降寓焉。

事有属于秦淮，而不可以类从者，归之余闻。

目录

第一卷　流域志

祖龙东游，百锸斯举。饮流莫居，功不下禹。昔人所话，今人所歌。仁之与暴，想去几何。《志流域》卷第一

旧传秦始皇时，望气者言："五百年后金陵有天子气。"于是东游以厌当之。乃凿方山，断长陇，渎入于江。故曰秦淮。按实录注，本名龙藏浦。其上有二源，一自华山，经句容西南流；一发自东庐山，经溧水西北流。入江宁界，二源合自方山埭，西注大江。分派屈曲，不类人功，疑非秦皇所开。或曰：方山西渎直属土山三十里，是秦开，又凿石硊山西，而疏决此浦，因名秦淮。盖未详也。《景定建康志》

石硊山，在城东南四十里，周回一十五里，高二十七丈。一名竹山。《建康志》

秦始皇时，望气者云："江东有天子气。"乃东游以厌之。又凿金陵以断其气。今方山石硊，是其所断之处。淮水之流，经其下焉。《舆地记》

浊山，在溧水县东南十里，高十丈。山北浊水出焉。《祥符江宁图经》

溧水县有浊山，下有浊水，即秦淮之源也。《舆地志》

淮水去县一里，其源从宣州东南溧水县乌刹桥，西入百五十里。《图经》

建康有淮，源出华山入江。《丹阳记》

淮水发源于华山，在丹阳湖熟之界，西北流经建康、秣陵二县之间，萦纡京邑之内，至于石头。入江宁县，流三百里许。《舆地志》

秦始皇巡会稽，凿断山阜。此淮即所凿也。亦名秦淮。《舆地志》

是秦所凿，王导命郭璞筮，即此淮也。又称未至方山，有直渎三十许里。以地形论，发源诘屈，不类人功。则始皇所掘，疑此渎也。《孙盛晋阳秋》

淮水西北贯都城。《徐爰释问》

吴时夹淮立栅，宋元嘉中，浚淮水，起湖熟废田千余顷。梁作缘淮塘，北岸起石头，迄东冶。南岸起后渚篱门，迄三桥，以防淮水泛溢。大抵六朝都邑，以秦淮为固，有事则沿淮拒守。

今淮水贯城中，东西由上下水门以达于江。盖淮之故道也。《建康志》

建康古城向北，秦淮既远，其漕运必资舟楫，而壕堑必须水灌注。故孙权时，引秦淮名运渎以入仓城即今斗门桥以北一带河至铁窗棂者是，开潮沟以引江水东发青溪抵秦淮，北连后湖，即今北门桥珍珠河一带是。又开渎以引后湖，又凿东渠，名青溪，皆入城中。由城北堑而入后湖，此其大略也。自杨溥夹淮立城即今通济门起至石城门皆是。其城之东堑，皆通淮水即今通济门外上至南门一带皆是也。其西南边江以为险。然春夏积雨，淮水泛溢，城中皆被其害。及冬水涸，河流往往干浅此一段在今日正合与宋无异。宋隆兴二年，张孝祥知府事，奏秦淮流经府城，正河自镇淮今南门内桥新桥入江。其分派为青溪今洞神宫后一段经四象桥一带是，自天津桥今内桥是出栅寨门今铁窗棂入江。宋时今水西、旱西门外似未有土地如今日广远，石城下即临江。栅寨门近地，属有力者，因筑引青溪水口，创为花圃，每久雨，水暴至，则正河不能急泄，泛于城内，居民被害。今古潮沟、青溪、运渎河身皆为住民侵占，湮塞不通，故水患正与此书相类。今欲复通栅寨门，使青溪径直入江，则城内永无水患。及汪澈继知府事，诏澈指定以闻，澈谓开西园古河道通栅寨门尤便。从之。元《至正金陵新志》，明顾起元注

秦淮水源甚远，小川流入者多。又古来贮水湖泊，后世筑为圩田日多。每夏雨暴至，江潮复涌，水即泛溢，皆经流城内一河入江。自源及委，所过不计几桥。凡过一桥，皆为木石岸堰束扼，及民居筑土，侵狭河道。故水失其常，横流弗顺，是以必资栅寨门河今内桥以西至铁窗棂及长桥下河今南门外大桥是分泄其势，其关于国赋民食者匪轻。上元、江宁、溧水是赖圩田，农民居处，多在圩中，每遇水至，并力守圩，辛苦狼狈于淤泥之中今上江滨江田地及句容以西方山下一带皆同此害，如遇大寇。幸而雨不连降，风不涌浪，可以苟全一岁之计。若坏决，则水注圩中，平陆良田，顷刻变为江湖。哭声满路，国赋民食两皆失之，是皆水不安流之故也。《江宁府志》顾起元注

按：上两志，参以顾文庄注语，可知宋元明以来情势。

秦淮发源，一自黄堰坝而东，抵句容南门；一自方山东南，上抵溧水。与诸水相灌注，一支绕方山东面，上抵彭城山；一支自张山，上溯金陵镇，过马家桥，抵横山；一支西抵后花桥；一支西抵陈墟桥；一支自上方门外小河，东历高桥门，抵

沧波门郭内；一支自涧子桥南上至天界寺。此皆可以行舟楫者，而久为田地侵蚀，遂多狭窄，且易淤淀。唯此诸河不通，以至伏秋水涨，处处梗咽。盖溧水、溧阳、句容诸水，惟一秦淮为之尾闾。夏秋江潮盛大，上壅下犯，无支派分泄。所以近年留都时苦水，而乡间尤甚。正坐此耳。顾起元《客座赘语》卷九《城内外渚水》

按：晋春秋，始皇断方山长陇为渎。故曰秦淮有二源，一发自句容华山，一发自溧水东庐山，合流于方山埭。历上方桥，入上水门。又分二流，一折北，一直西，经桐树湾、镇淮、饮虹、上下二浮桥，抵陡门桥岸口，合运渎出下水门。皆隶县境。《明正德辛巳江宁县志》

秦淮在县东南，秦始皇用望气者言，凿方山，断长陇，以泄王气。有二源，一出句容华山，一出溧水东庐山，合流入方山埭。历上方关，支分东折，入新河，西流经中和桥，汝南湾，入上水门。北逼大中桥河，即旧栅塘；西通淮青桥；南接渡船口，即旧舟子洲，经龙藏浦、桐树湾，入江宁县界。《明万历癸巳上元县志》

秦淮在县治南中略，入上水门。西经桐树湾、镇淮、饮虹、上下二浮桥，北通斗门桥，合运渎出下水门，皆属县境。《明万历戊戌江宁县志》

按：以上明三志久佚。故清代所修郡县志，皆未引及。偶于陈氏稽瑞楼书目中见之。稽瑞书多归北京东方文化会。借钞藏之。

自通济水门，入于郡城。北经大中桥，与城壕合。西接淮青桥，与青溪合。南经武定桥，而西又历镇淮、饮虹、上下浮桥，自三山水门，沿石城西北流，以达于江，或云本龙藏浦也。《清康熙江宁府陈志》

秦始皇东巡会稽。经秣陵，因凿钟山，断金陵长陇以疏淮或云断金陵长陇乃方山也。其淮本名龙藏浦。上有二源，一源发自华山，经句容西南流华山在句容县界，高九里似蒋山。一源发自东庐山，经溧水西北流，入江宁界东庐山在溧水东南十五里，周回二十里，山西一源入秦淮。二源合自方山埭，西注大江。其分派屈曲，不类人功，疑非秦皇所开。而后人因名秦淮者，以凿方山言之。《六朝事迹编类》

秦始皇三十七年，东游会稽，过吴，从江乘浦渡。置江乘县，皆统于鄣。又以望气者言，凿钟阜，断长陇，以泄王气。水自方山西北，巨流环绕，至石头达于江。后人名秦淮。陈沂《金陵古今图考》

自方山之冈陇，两涯北流，西入通济门，南经武定、镇淮、饮虹三桥，又西出三山水门。沿石城达于江者，秦淮之故道也。陈沂《金陵古今图考》

旧传秦始皇时，望气者言，金陵有天子气，东游以厌当之。凿方山断陇为渎入江。故名秦淮。《洪武京城图记》

淮水有二源，其南源出溧水东庐山，北过石秋坝，入上元界，径秣陵关东，又北径方山埭西句容淮水，自埭西南入之。又合流经方山埭。又西北流过上方门，受小关水，合流至通济门外。入明城壕水入焉。又西流至东水关入城，会杨吴城壕水。杨吴城壕水，自北门桥东流，折而北，进香河之水焉。又东流至浮桥北，珍珠河之水亦入焉。又东迤南径竹桥，至复成桥，明御河之水，自东来注之。又南过大中桥，至东水关，与淮水合。淮水又西，至淮青桥，与青溪之水合。青溪之水发源钟山，南流入驻防城。又西出竹桥，入壕而绝。又自内桥东流，与南唐宫壕合。又东南径四象桥、淮青桥与淮水合。淮水又西南经利涉桥，受小运河水，又西南径文德桥、武定桥、镇淮桥。又西过新桥至上浮桥。又西至斗门桥，与运渎之水合。运渎在城西北隅，自笪桥西流径望仙桥，至铁窗棂出城。又自笪桥东流至内桥，与青溪合。又自笪桥西南流过南北乾道桥，至斗门桥，入于淮。淮水又西过下浮桥，出西水关。与城外之淮水复合。又沿石头城，以达于江。《同治上江两县合志》

按：各志记秦淮者，多举其大略，以此篇为最详备，故备载之。闻出汪梅村先生手。先生于郦经致力甚深，其文亦似焉。惟此作命题曰《水考》，故兼及附属诸水。惧阅者紊其主客之序，因更作汇通一卷以明之。又此文之首，曰"淮水有二源，其南源出溧水"云云。于东源遂未述及，第于"句容淮水，自埭南西入之"。下注云："淮水东源，出句容县西北华山。"经注不分，似亦微病。

留都形胜，以水为脉，城中旧有正支各河。自水西门觅渡桥起，进水西门关内，下浮桥、上浮桥、新桥、南门桥、武定桥、文德桥至通济门内。东水关、大中桥、复成桥、天津桥、竹桥、珍珠桥、新浮桥、通贤桥、北门桥之西潭上，此为正河。又由斗门桥、红土桥、乾道桥，又由淮青桥、四象桥、内桥、会同桥、笪桥。二水会同，俱由小新桥、仓巷桥、望仙桥、周家桥、铁窗棂出城，是为大支河。又由西长安门下，流水至白虎、会同桥、乌蛮桥、柏川桥出城，是为小支河流。又由后湖水闸，从土桥、浴贤桥，珍珠桥出正河，亦为小支河。又由十庙西门（旧名），进香河内新建桥、西仓桥、大石桥、严家桥、莲花桥出正河，亦为小支河。其斗门桥、淮青桥二水，总至铁窗棂之大支河，包藏于正河之内。其柏川桥出口者、珍珠桥出口者、莲花桥出口者，三小支河环于大河之外，用以吐纳灵潮，疏流秽息，通利舟航。故居不病涉，小民生业有资。南京工尚丁宾《浚河疏》

按：丁尚书此疏，以桥为纲，分为正河一、大支河一，小支河三，叙述极详。足见明代河道大概。所谓正河者，秦淮也；所谓大小支河者，即运渎、潭沟、城壕诸水也。然有最不可解者，秦淮自东水关入，西流出城入江，各书无异词，此疏独言自水西门觅渡桥起，进西水关。何以独为异说，百思不得其理，姑存待考。

金陵之水以淮为经，其源发于茅山，一潴为赤山湖，经湖熟。一经溧水东庐山，汇方山，其势正如建瓴。城中之地，首昂中洼，又并青溪、潮沟、运渎，而只泄于一下水门。从前之人，明于形势，在东城纡以中和桥，在南城束以入水闸。上水门涵洞，启其二，闭其六。砌石留隙，使之洊至。今桥改直，闸损坏。著书逞妄者，创言天门宜敞。因有拾其唾余之俦。请于大吏，全开八洞。此道光丁亥以后，所由辛卯、已亥、庚子，频年大水也。其后设闸障之，木闸土堤，水盛且将崩溃，害恐滋甚耳。不从赤山施力，圩田薄坝，听其淤塞，均无益也。况江流倒灌，来自皖省，其受弊且在湖襄以上。《金陵待征录》道光

七年(1827)道光十一年(1831)道光十九年(1839)道光二十年(1840)

按:金先生谓治淮,须从赤山湖源头作起。诚为扼要之论,惜难得留心地方之贤长官。切实行之耳。此可与人物志梅郎中传,上陆制府书参看。又所言当日上水门涵洞有八,亦与今制异。可参看《汇通志》。

城内新河,淮青合流以后,左旋由四象桥西入运渎,经禅灵渚以出西关。此地岸旁居民占淤已久,一旦修治,难言复旧。而徇情曲庇,减费偷工,尤所不免。故挑浚后,土积两旁,遇雨即卸,河身愈窄,河底益高。同上

第二卷　汇通志

淮水发源，华山东庐。众流趋赴，蔚为具区。河纳百川，以成其大。通塞休戚，用告民社。《志汇通》卷第二

赤山湖　始于萧梁，唐天宝中改名绛岩。见《樊珣记》。宋修《景定志》，则详例湖条，备言贮水捺水之义。又于芦蘼亭北，刻水为储泄之准。叶龙图又置石柱以示定矩。盖秦淮发源茅山，潴为此湖，湖淤则下流皆受其弊。兴金陵水利，去会城水患，不从此施力，皆妄动也。《金陵待征录》

白米圩　近湖白米圩，樊珣所谓溉田万顷，赡户九乡，利良溥矣。故明道先生治之修埂捍患，端赖有人。不然，金陵其可虞哉。同上

北河口　即金人所谓老鹳河。宋史建炎四年，韩世忠厄宗弼于江中。宗弼不得济。或曰老鹳河故道，今虽湮塞，若凿之可通秦淮，宗弼从之，一夕渠成。县志

张公洲　王僧辩等败侯景将侯子鉴于南洲，督诸军至张公洲，乘潮入淮。《通鉴》

毛公渡　即麾扇渡也。陈敏据建业，出军临大航，顾荣以扇麾之，其军遂溃。《晋书》

按：麾字，误去半为毛，扇字一误成翁，再误成公。故俗又呼毛翁也。在赛工桥南。淮水支流，自城壕西径赛工桥。赛工，即赛洪。陈真《方闻见录》云："明初筑城，工部

与府尹竞胜，府有余力成桥，因名。”侍中黄观妻雍夫人殉节处，亦称栅栱。见(《顾亭林集》

白米湖 在溧水县。《建康志》：东庐山在溧水东南十五里，有水源三，东流为白米湖，湖旁产米，洁白如玉。《溧水志》

严郎渡 湖水北流，东纳严郎渡水。同上

张公渡 湖水又北，东分一支，径泉都市南。东北流合句容淮流于张公渡。同上

九里汀 淮流径秣陵关东，九里汀水自西入之。水南发陶吴镇东龙山下，古金陵镇也。一曰秣陵浦。《建康实录》：吴宝鼎元年，山贼施但等反，由乌程逼建业。诸葛靓逆讨于九里汀，即此。

按：九里汀，《建康志》在城东南五十里，东下入秦淮。其水北流，过西阳市东。又北流，折而东，过葛塘寺南。又分二支，一过秣陵关东南入于淮。一支北流过秣陵关西。水上有石梁，曰司门桥。其水又北流合吉山东麓水入淮。《元宁合志》

湖孰 宋元嘉中，浚淮，起湖孰废田千余顷。《南史》

杨柳湖 《建康志》：刘阳湖，在城东南六十里，疑即此。刘阳、杨柳，音同而倒也。与湘寺、四象同，淮水西径龙都镇，亦曰泉都。前有湖，曰杨柳村。县志

方山埭 《实录》：吴赤乌八年，使校尉陈勋发戍兵于方山南，绝淮立埭，号方山埭。宋元凶劭之乱，随王诞败劭军于曲阿，劭因缘淮立栅，决破方山埭，以绝东军。即此，今废。同上

马牧浦　淮水自葛桥北流，吉山东涧水入之。合流至马门桥，一曰马牧，旧放牧处。芳草如茭，塘坝西带，信为牧地。又过清水亭东南，东入于淮。同上

牛首山东涧水　淮水又北，牛首山东涧水。自西入之。涧自牛首东流，历陈墟桥、曹家桥，又东历河定桥，南东入于淮。又北径土山西，谢安别墅地也。同上

小水关水　西北流过上方门，淮水自五城渡至此。有二桥，内曰见子，外曰分水。又西北曰上方桥。有支河，通高桥门，其水穴土城西入者曰小水关水。同上

明城壕水　明初拓北城，引钟山水入壕。南径平桥朝阳门外，又南径夔角桥洪武门外，又南至通济桥，与淮流合。同上

杨吴城壕水　淮水西流，至东水关入城，会杨吴城壕水。东水关，旧上水关也，淮水城壕相会处。其在城外者，亦杨吴城壕水。明初截壕筑城，壕分为二，在城外者与城内淮水分流，径聚宝桥南合落马涧水，本南涧也。壕水西径觅渡桥，与城内淮水复合。同上

进香河　明初开，源自后湖，自北而西，为浴沂桥。其北即旧府学，有水旧名文曲河。康熙中知府于勤襄公，引后湖水为之，由府学之左，转入泮池。曲折而达于进香河。同上

潮沟　珍珠河　进香河水北合珍珠河。《建康志》："陈后主泛舟，遇雨，水生浮沤。宫人指曰：'此满河珍珠也。'"因名河，即古潮沟。导源后湖。自今武庙东北，铜管穴城入沟。同上

后湖　古桑泊也，亦曰北湖。宋元嘉中，黑龙见，因名玄武。宋孝武阅水军于此，因号昆明，俗曰饮马塘。元嘉筑北

堤，又于湖侧作大窦，引水入华林园。宋乾道元年，以水患使汪澈开河，通栅门入江。至元四年，浚台治后沟故道，东接青溪，西通栅寨，至清凉寺下会秦淮河。旧志按云："台治后沟故道，则非运渎之径冶城南而西注者可知。疑即乾河沿折而南，会运渎出铁窗棂故道。今自老米桥，会望仙桥水出城，其遗迹也。"同上

明御河水 明祖宅京，涸燕雀为大内，即今驻防城。有水自东安门流至后宰门而绝。又自后宰门西流穴城而出，达于竹桥之濠水，相传为青溪遗迹。《建康志》所谓青溪在城外者，自城濠合于淮是也。壕水又南径元津桥，明西华门外桥也。又南径复成桥、御河水。明洪武初开有五桥。柏川桥，半在城内，半在城外，俗呼半边桥。明南都之变，乞儿投诗自沈处也。又分支流于午门内，复迤逦流至柏川桥下，合而西注于复成桥南之壕。同上

按：后湖潮沟水，明御河水自东来注之，南过大中桥，至东水关，复与淮水合。

青溪 发源锺山，入秦淮，逶迤九曲。今故道多湮，所可识者，浮桥东有青溪里，是青溪南流处也。大中桥有九曲坊，是青溪南流尽处。坊南有淮青桥，是青溪与秦淮合流处。其水皆在秦淮之北。《建康志》

吴赤乌四年凿东渠名"青溪"。《建康实录》

青溪发源锺山，入于淮，连绵十余里，在六朝为要隘。杨修之诗注，谓南朝鼎族多夹青溪是也。杨吴筑城，青溪始塞，宋马光祖复浚。然溪流仅余一曲。《舆地志》

杨大堉云:“半山之阴,百武入土门,有水自山腹来。又数武,过石徇,陟山巅,俯瞰之,渍原直潩,汹迅珠跃,圆文縠演。南流贯半山寺,殆青溪之真源。”鳌曰:“水竭复出,理或有之。若九曲七桥,马之纯已言一曲仅存矣。自大中桥以西,淮青合流,则当言秦淮,不当言青溪也。”《金陵待征录》

淮水自成桥又西至淮青桥,与青溪之水合。《吕志》:淮青桥,古青溪大桥也,秦淮与青溪相接处,故曰淮青。又自内桥东流,与南唐壕合。又东南径四象桥,至淮青桥与淮水合。县志

南唐宫壕水 曰护龙河,自昇平桥,经上元县之左,东边一带水道,各志历历言之,而西边独略。今羊市桥畔,上踞屋舍,下穿沟渠,后为张府园、裕民坊皆菜圃。有河身一段,长十余丈,宽二三丈,清水一泓,资以灌溉。两旁石岸犹存,乃护龙河址也。《客座赘语》载:西虹桥在卢妃西,穿入家屋,而北达园地。有石嵌河道,正指此。县志

小运河水 明初开。《待征录》:古鹿苑前,今金陵驿地。明为留守后仓。仓前池塘为运河,受南冈以北水,汇五板、观音、藏经、采蘩、星福、小心六桥之流。有半边营,南岸皆河。北汇于东园,自金陵闸入淮。县志

运渎 首受秦淮水北流为支河。《运渎桥道小志》

渎在城西北隅。《实录》:吴赤乌三年,使左台御史郗俭,监凿城西南。自秦淮北抵仓城,通运于苑仓,谓之运渎。淮水自利涉桥受小运河水。又西南径文德、武定、镇淮三桥,又西通新桥至上浮桥,又西至斗门桥,与运渎之水合。自笪桥西

流，径望仙桥，至铁窗棂出城。又自笪桥东流，至内桥，与青溪合。又自笪桥西南流，过南北乾道桥，至斗门桥入于淮。县志

运渎　自秦淮抵仓城之故道也，年久湮塞。嘉庆丁丑，盐巡道方公体请于制府，率绅士兴工疏浚。三月告竣。旧道尽复，舟楫通焉。但地上民居稠密，越二十年，复渐就淤。《白下琐言》

禅灵渚　淮水支港通渎处，古谓之禅灵渚。梁王僧辩讨侯景之师，所从入焉。《运渎桥道小志》

舟子洲　桥东右转，循渎南临淮水。为渡船口，或曰古舟子洲。同上

梁天监十三年，以朱雀门东北，淮水纡曲，数有水患。又舟行旅冲太庙湾，乃凿通中央，为舟子洲。其后诸郡秀士上计，率憩于是。《肇域志》

东水关　旧上水门也。凡三十三券，分三层，每层十一券。惟下十一券通水。康熙十一年壬子，以水患急闭水关，仅余一孔。《元宁合志并注》

按：三十三券，此今制也。考《待征录》云："上水门涵洞，启其二，闭其六。"又云："全门八洞。"据此，则上水门旧为八洞，其改为三层三十三券。殆在洪杨以后，何时改建，今无可考。县志注谓康熙水关仅开一洞，语亦恐误。

栅塘　铁窗棂，古栅塘也。《建康志》："在秦淮上，古通运渎。"《实录》注："吴时缘淮立栅，号栅塘。"梁天监九年，新作缘淮塘。北岸起石头，迄东冶；南岸起后渚篱门，迄于三桥。作两重栅，宋曰栅塞门。县志

横塘　在水西门外，淮水西过下浮桥，出西水关，与城外之淮水复合。吴大帝时，自江口缘淮筑堤，谓之横塘。《吴都赋》："横塘查下，邑屋隆夸，楼台之胜，天下无比。"同上

鄱阳浦　在石城西，上通秦淮，下入马昂洲，九里达于江。《图经》云："梁鄱阳王屯田于此，因名。"《建康志》

陶家渚　在水西门外，相传贞白居此，故名。《待征录》

第三卷　津梁志

南都淮流，如环如带。民不病涉，曰有桥在。水之所至，桥亦建焉。先城后郭，眉目井然。《桥梁志》第三

秦淮正河诸桥

利涉桥　在贡院东。顺治三年知府李正茂造木桥。康熙癸卯易以石，复以形家言，易木。道光中修之，朱绪曾有记。同治十年，总督何璟重建。

《待征录》云："古桃叶渡也。"孝陵卫人金云甫，见渡者多溺，捐建木桥。太守李正茂，名曰利涉，后又倡募改石，后复建木桥。金殁，祀为桥神，建阁桥下，曰金公祠。

文德桥　在县学西。跨泮池而立，本木桥。明万历中圮，里人钱宏业易以石，或云提学陈子贞易焉。兵燹桥毁。同治五年易以木，九年重修。桥下有祠，祀陈提学，后为酒肆，曰芥子河亭，今复陈祀。

武定桥　《建康志》：淳熙中建，名曰嘉瑞浮桥，亦曰上浮桥非今上浮桥。长乐渡为下，此故曰上。

镇淮桥　在今聚宝门内，吴南津桥也。《世说叙录》及《舆地志》并称南津，在晋为朱雀航。《实录》：咸康二年，新立朱雀航，对朱雀门，南渡淮水，亦称朱雀桥，亦谓南航，亦曰大航。《金陵世纪》谓朱雀航，非今之镇淮桥，在聚宝门东北。《金陵新志》亦谓在镇淮北左南厢，今信府河南之长乐渡，盖与晋朱

雀门相对。

新桥 即饮虹桥也。《实录》：南临淮有新桥，本名万岁桥。岑嘉州诗“万岁桥边此送君”，指此。后改饮虹新桥。宋乾道五年覆以大屋数十楹，开禧四年重修，宝祐四年又修，明正德中又修。

上浮桥 在新桥西。明正德中修，清同治六年又修。

斗门桥 古禅灵渚也。景定三年，马光祖修。桥西有禅灵寺。《梁书·王僧辩传》：僧辩讨侯景，乘潮入淮，进至禅灵寺，是也。寺在今范家塘侧，道光间犹存。

按：淮水至此，与运渎之水合。

下浮桥 康熙丁未修，同治六年又修。淮水又西过下浮桥，出西水关，桥之西曰云台闸，淮水径此出城矣。

运渎诸桥

红土桥 运渎水自斗门桥北流，至红土桥，即南乾道桥也。其地以冶麓余气，掘地三尺，土皆红色，俗以名桥。其街曰安品，陈伯雨先生之可园在焉。

草桥 由红土桥再北曰草桥，即北乾道桥。流折而西，为竹竿里，即古之竹格巷，以临竹格渚而名也。

鸽子桥 青溪水自内桥来，会于鸽子桥。为运渎之东源。以北临鸽子市，即以名桥。《建康实录》：有甓子桥。适在其地，或即音之转也。在宋曰闪驾桥，一曰景定，马光祖建，有纪。明曰清化桥，以有清化坊得名。

羊市桥 与鸽子桥错综而列，一名大市桥，吴时贸易之区也。桥下所跨之水，则护龙河之北折处，故又谓之西虹桥。

城东北诸沟之水，皆汇于是。司马西虹之宅在焉司马泰，上元人，家藏书最富。

笪桥　相传茅山笪宗师所建，故以姓名之。即古之杨烈桥《南史》：王僧虔观鸭于杨烈桥，在唐曰太平桥，在明曰钦化桥。桥南旧有灯市。

鼎新桥　笪桥水合草桥北出之水，为运渎正河至此桥。本名小新桥，宋马光祖重建，改今名。

道济桥　本名崇道桥，以其在仓巷西，亦名仓巷桥。同治中建府学，改今名。晋王导之西园也。

文津桥　在府学西，亦同治中建。

史桥　明史痴翁之故里也，旁有史墩。

望仙桥　即古西州桥，以西州门得名。相传痴翁有爱姬曰何玉仙，解书画，通音律。桥曰望仙，望玉仙也。

回龙桥　《建康志》云：在城西门内。今下庙西大街，有平桥，下洞甚巨，南通运渎，而达铁窗棂。桥下水，盖汇城西北诸水，由候驾桥而来者。候驾，名无考。

张公桥　运渎水自望仙桥迤西南流，过此桥，出铁窗棂，入于外壕河。桥一名周家，均无考。

杨吴城濠水诸桥

北门桥　在南唐北门外，内有清化，故又名清化市桥，一曰草堂桥。桥券内有石刻“草堂桥”三字。宋置亲兵教场于此，又曰武胜桥。杨吴城壕水自北门桥东流，折而北，进香、珍珠二河之水入之。

浴沂桥　进香河水，源自后湖，明初开。自后湖北而西，为浴沂桥。其北即昔府学，今武庙也。

土桥　又西为土桥，南流达进香河。

进香桥　在进香河上。

西仓桥　进香河南流，为西仓桥、北石桥、红板桥、严家桥、莲花桥。

莲花第五桥　自西仓桥至此，其数五，故又曰莲花第五桥。

浮桥　旧红板桥。明初马后置仓于此，以赡监生之妻。

通贤桥　北达府学，明国子所出入也。

竹桥　杨吴城壕，会进香、珍珠二河水，南径竹桥，在驻防城西北，故燕雀湖也。洪武涸为大内，有水自东安门流至后载门而绝，又自后载门西流穴城而出，达于竹桥。相传青溪遗迹。《建康志》所谓青溪在城外者，自城壕合于淮是也。

元津桥　壕水又南径元津桥，明西华门外桥也。

复成桥　又南径复成桥，以复成仓著名。《洪武京城图志》曰：既坏而复成之，因以名焉。

大中桥　古白下桥也，亦名长春桥。在南唐东门外，当江淮诸路之冲。旧志谓饮万马于秦淮，给诸屯之馈饷，其要可知。旧有白下亭。

青溪诸桥

东门桥　青溪七桥。《实录》注：最北乐游东门桥。

尹桥　《实录》注：次南尹桥。《建康志》：潮沟大巷，东出度此。

鸡鸣桥　《实录》注：次南鸡鸣桥，相传齐武帝游钟山，至此鸡鸣。

募士桥　《实录》注：次南募士桥，吴大帝募勇士于此，桥为吴建矣。

菰首桥　《实录》注：次南菰首桥，一名走马桥。《十洲记》曰：芳林园在青溪菰首桥东。

四象桥　《实录》注：次南青溪中桥。《吕志》：四象桥也。邑人孙文川云：四象乃湘寺倒转，而音又讹也。

淮清桥　青溪水径四象桥至淮青桥，与淮流合。此桥为秦淮与青溪汇流处，故曰淮青。今误作"清"。

檀桥　又有檀桥，亦在青溪上。《齐书》：刘瓛以儒学冠时，住檀桥，学徒敬慕，呼曰青溪。

南唐宫壕诸桥

升平桥　南壕东曰升平桥，即东虹桥。

内桥　中曰虹桥。政和间，蔡凝建石桥，曰蔡公桥。后曰天津桥，不忘西京名也。明以来曰内桥。

西虹桥　即大市桥，见"运渎"。

青平桥　疑即门楼，楼古名。旧志云：并以下四，均在南唐东壕护龙河上。又云，西通内桥，即青溪支流。

日华桥

飞虹桥　今卢妃巷内。

月华桥

广富桥　今称皇甫。

明御河诸桥

青龙桥　御河水，明洪武初开，有桥五，最东曰青龙。

白虎桥

会同桥　会同馆旁。

乌蛮桥

柏川桥　明南都之变，乞儿题诗自沈处也。此桥半在城内，半在城外，俗呼半边桥。《京城图志》云，在通济街。

内五龙桥　又分御河支流于城内，有五桥毗连，曰内五龙桥。复迤逦流至柏川桥下，合而西注于复成桥。

小运河水诸桥

五板桥　观音桥　藏金桥　采蘩桥　星福桥　小心桥

按：县志，淮水西南径利涉桥，受小运河水。明初浚城东南鹿苑寺前池塘，以受南岗以北诸水，为之汇五板、观音、藏金、采蘩、星福、小心六桥之流。有半边营，南边皆河也。有水所营，所官营于水，故名。

苑家桥　在东花园。中山园丁苑姓者居之，故名。

长板桥　《吕志》：旧院址在东花园之右，一河为界，建长板桥以通行人。后桥废，两旁筑石埂，曰石坝园，亦曰石坝街。

玩月桥　马湘兰故宅。后为孔雀庵，一名因是庵。黄虞稷诗"马湘兰宅作招提"是也。门前有玩月桥。周雪客秦淮古迹诗："风流南曲已烟销，剩得西风长板桥。却忆玉人桥上坐，月明相对教吹箫。"盖指此，今不可寻。

以上城内。

乌刹桥　龙渡桥　令桥　《建康志》：东庐山在溧水县东南一十五里，有水源三，源自山西，流入秦淮。北流至乌刹桥，一曰乌鹊桥；次北龙渡桥；次北令桥。

周郎桥　在县东六十里湖熟镇，有桥曰周郎。《石迈古迹篇》:旧传周瑜征笮融至此桥,因名。

菖桥 在方山埭东南。《齐书·李安民传》:宋建安王景素反,安民破之杨菖桥,即此。

童家桥 **马门桥** 淮水自五城渡,吉山东涧水入之,自童家桥东流,有水自东北殷巷西南流入之,合流至马门桥,一曰马牧,旧放牧处也。陂陀周延,芳草如茭,信为牧地。

金家桥 **郭家桥** 循马牧桥西南,有金家桥。支渠南通九里汀,东有郭家桥,有象鼻湖,湖以形名。

陈墟桥 **曹家桥** **河定桥** 牛首山东涧水,东流历陈墟桥、曹家桥,以东历河定桥。南东入于淮。

见子桥 **分水桥** 在通济门外,淮水由五城渡至此,有二桥,内曰见子,外曰分水。

上方桥 在通济门外八里,顺治二年修。

高桥 上方桥有支河通高桥门,其水穴土城而入者曰小水关,有桥曰高桥。《南史》:徐嗣徽等至湖熟,侯安都拒之于高桥。

铜桥 五代史李昇天祚二年以步骑八万讲武于铜桥是也。

过军桥 **七瓮桥** **中和桥** 近上方曰过军桥。通双门路,北为大校场,明神机营也。又西北七瓮桥,又西北中和桥。

九龙桥 即通济门外桥也。旧有汝南湾,《建康志》:在城东八里,当秦淮曲折处。

觅渡桥 即三山门外桥,旧名三山桥。康熙间修,壕水径此,与城内淮水合。

聚宝桥　在聚宝门外，即古长干桥也。杨溥建，马光祖修。又曰长安桥。康熙、乾隆叠修，今渐圮。淮水径此，南合落马涧水，旧南涧也。昔有南涧寺，何尚之宅在焉。有南涧楼，王安石有诗。

南涧水诸桥

重泽桥　在扫帚巷古东市口。

就湾桥　一曰坝桥，在小市口。

善世桥　近三里店，明弘治修，得庆元石纪。

来宾桥　在西街。古望国门桥有来宾楼，因名。

涧子桥　在窑湾涧水入壕处。

以上均跨南涧水。

平桥　在朝阳门外，明初引钟山水入壕，南径平桥。

夔角桥　在洪武门外。

附浮桥

六朝阻淮为固，《舆地志》云：自石头东至运渎运渎应是青溪，总二十四航。有警，断舟栅流，盖浮梁也。隋平江南，诸航始废。杨吴筑城，淮流益狭，故迹尽湮。略具航名之可考者。

竹格渚航　王敦犯建康，其将沈充等从竹格渚入淮者是也，或云在今竹格里。

骠骑航　亦曰东航。在东府城南，秦淮河上。晋太元中，骠骑府立。一云会稽王道子立。一云梁临川王宏，为骠骑大将军居东府航，因名。

丹阳后航　《方舆纪要》云：在丹郡城后，亦跨秦淮。

朱雀航　《实录》：咸康二年，新立朱雀航，即今南门桥。

以上四航，晋宁康四年，诏除丹阳、竹格等四航税是也。此外有榻航，在石头左，温峤欲救匡术于苑城，别驾罗洞，劝攻榻航，术围自解。

第四卷　名迹志

一水如带，滔滔逝者。往籍所存，择其尤雅。江山胜迹，我辈登临。及今弗录，或遂陆沉。《志名迹》卷第四

丹阳郡城　在武定桥东南长乐巷，自城角内外皆是。《吴苑记》

建康县城　吴冶城东，今天庆观东是其地。《寰宇记》云：在县西一里。晋太康三年，分淮水北为建业县，上元之地居多。《六朝事迹编类》

孔子巷　《舆地志》云：孔子庙在乐游苑。东隔青溪，旧在溪南，丹阳郡之东南。本东晋所立，中废。宋元嘉十九年，诏复孔子庙，迁于今处。以旧地为浮屠，今名孔子寺，亦名孔子庙。在长乐桥东。《编类》

太学　晋太康二年，立太学于秦淮水南。《晋书》

湘宫寺　在青溪北。《南史·虞愿传》：宋明帝以宅为寺，尝谓晁尚之曰：卿至湘宫寺否，此是我大功德。虞愿曰：此皆百姓卖儿贴妇钱，何功德之有？《实录》青溪中桥傍湘宫寺，对桃花园。按青溪中桥，今四象桥也。孙文川云：四象即湘寺倒转之音。县志

朱雀门　晋都城南门也。《晋书》：南面正中曰宣阳，与朱雀门相对。王导尝出宣阳门，望牛首两峰相向，导指为天阙。牛首山在今南门，近东面，势正与桐树湾相近。同上

汝南亭　晋太元中，于汝南湾东南置亭，为士大夫饯行之所。《编类》

朱雀观　在镇淮桥。谢安置二铜雀，并建重楼于桥上，以朱雀观名之。《晋起居》

夷齐庙　镇淮桥有夷齐庙，本王谢祠，宣和间改祀。《小仓山房诗注》

武成王庙　在镇淮桥北。《建康志》

邀笛步　旧名萧家渡，在东南青溪桥之右，今上水闸是也。《晋书》云，桓伊善乐，尽一时之妙，为江左第一。有蔡邕柯亭笛，常自吹之。王徽之赴召京师，泊舟青溪侧。伊素不与徽之相识，自岸上过，客称伊小字曰，此桓野王也。徽之令人语之曰：胜闻君善吹笛，为我一奏。伊便下车踞胡床为作三弄，毕便上车去，主客不交一言。《编类》

按：青溪桥，即今淮青桥，为秦淮、青溪相接处。

桃叶渡　《图经》云：在县南一里秦淮口。桃叶者，王献之爱妾名也。其妹曰桃根。诗曰："桃根复桃叶，渡江不用楫，但渡无所苦，我自迎接汝。"不用楫者，谓横波急也，尝临此渡歌送之。

梦笔驿　《建康志》引唐溪诗话云："梦笔驿，江淹旧居，即梦郭璞索笔处也。"在冶亭。

太白酒楼　即孙楚酒楼也。在下浮桥西，云台闸上，即淮水出城处。李白诗："朝沽金陵酒，歌吹孙楚楼"是也。县志

此君亭　斗门桥西旧华藏院。《建康志》：伪吴武义六年建。初为报先寺，南唐改为报恩禅寺，宋初改今额。王安石建

此君亭。《安石诗注》

思乐亭 在泮池旁，元李孝光有记。《朱律嶰谷诗注》

霜月斋 在江宁县学内，乃元杨刚中所建。县志

龙翔寺 元文宗旧藩邸也，后建为寺。《金陵新志》载：寺立原委甚详，并有图。东跨虹桥，西抵冶城。《金陵闻见录》

鸡鸣埭 《建康实录》：青溪有桥，名募士桥。桥西南过沟，有埭，名鸡鸣埭。齐武帝游钟山射雉，至此鸡始鸣。《图经》云："今在青溪西南潮沟之上。"县志

铜管 《建康志》：导源元武湖，自今武庙东北，铜管穴城入沟，上有朱异、伏挺诸宅。

按：近人笔记云，觅得紫铜管于城东北隅。或云为吴孙皓作新宫引湖水入宫所作，似年代太远。或陈后主导珍珠河于潮沟，为差近耳。

柳树湾 在通济门。见《南都察院志》。

孔雀庵 马湘兰故宅也，一名悟真。门外有玩月桥，地近东园。黄俞邰诗，马湘兰宅作招提指此也。县志

赏心亭 在孙楚楼旁，丁谓张周昉《卧雪图》处。

白鹭亭 下瞰白鹭洲，故名。

折柳亭 在赏心亭下。

二水亭 在白鹭亭西。

风亭 在折柳亭东。

佳丽亭 与风亭相近。

县志：云台闸，淮水径此出城。上有太白酒楼，即孙楚楼也。旁有赏心亭，西为白鹭亭，又西为二水亭，下为折柳

亭。与风亭相连,有佳丽亭,风帆云树,目不暇给,並舣舟胜处。

绿萍湾　在水所营旁,受小运河水,朱修林隐居处。杜茶村有诗云:“卖断青溪是此家。”县志

长塘　运河水合流至麦子桥,沿五块砖至长塘。长塘,旧长板桥也。桥西为教坊,有乐王庙,有教坊司题名碑。县志

青溪阁　在鹫峰寺后。

青溪先贤祠　在府学东,明道书院西,青溪之上。宋光祖建。自周汉而下,首自太伯,终真西山,与祀者四十一人。后闽士陈宗,求增入苏文忠子瞻,且备列公游金陵诗,谓位次应在程纯公下。此祠国初已毁。万历丁未,南少宰叶公重建于普德寺后,而不闻增祀文忠也。《客座赘语》

青溪小姑祠　《舆地志》:青溪发源钟山,入于淮,连绵十余里。溪口有埭,埭侧神祠,曰青溪姑。

按:今俗相传,以祀蒋子文妹也。祠中复有二女像,俗传炀帝平陈,斩张丽华、孔贵嫔于青溪栅口。土人哀之,为附祀于小姑祠。王阮亭有诗纪之。县志并注

放生池　在鹫峰寺后,池石上镌擘窠书曰:鱼极乐国。旧志按:此明人之放生池也。县志

金陵闸　小运河水委婉北流,至东园旁之金陵闸,以汇于淮。明人以为青溪,《吕志》以为西沟,皆非也。闸上有青溪小姑祠,旧谓小姑祠,在青溪埭口,不知何年移此。县志

按:明人既误东园水为青溪,此祠当亦明代所移。

浣花居　在东园苑家桥,中山管园人有苑姓者居此,故

以名桥。后于此设酒肆。县志

栅洪　亦曰栅栱。驯象门外，赛工桥下水也。《金陵通传》：王元绰明亡隐遁不出，昆山顾炎武往访之，因其泛舟栅洪，相对悲歌。

土山　县志：淮水又北径土山。东晋太和中，谢安营墅地也。唐韩滉自京口至此，皆修坞壁。志又案：方山西渎，至于土山，乃秦所开，盖凿山址，以广淮耳。

元真观　在通济门外中和桥旁。明永乐建以居焦孝真者。今废。见《水东日记》《野获编》，存《征录》。

尊经书院　在夫子庙尊经阁下。

钟山书院　在娃娃桥旁。明之铸钱局也。清初总督阿山立，有御赐书额。有木屏风，刻"忠孝廉节"四大字，朱子书。有铁猫二、叉二，相传马三保下西洋故物。妇人中秋日，往抚之，云可生子，谓之摸秋见《白门琐记》。书院后移新廊，旧址遂废。县志

莫愁湖　即横塘，亦曰南塘。《实录》注：在淮水南，近陶家渚。吴大帝自江口缘淮筑堤，谓之横塘。吴都赋曰："横塘查下，屋邑隆夸，楼台之盛，天下莫比。"亦曰南塘。《晋书·祖约传》："昨复南塘一出"，指此。今为莫愁湖，有楼曰胜棋，相传明祖与中山王赌棋处。乱后荡然。曾湘乡复营建之，光绪中宁藩许振祎复建曾公阁于此。

第五卷 人物志

金陵人士，皆饮淮流，于淮有联，兹编所收。公羊论世，断于所见，不得中行，必也狂狷。《志人物》卷第五

梅郎中曾亮 字伯言，上元人。道光二年进士，即用知县，援例改户部郎中。初为文喜骈俪，友管同异之规之，乃一变为古文词。义法本桐城，而参以归震川。居京师二十年，冲澹自得。以文章道义，负海内重望。吴县潘文勤跋《许居日记》云："十年以来京朝士大夫皆以梅郎中为归。郎中既逝，皆惘惘若无所附丽。"其为世推重若此。积资久，将补官，闻弟病，遽乞归，主讲扬州梅花书院。金陵乱后之淮上，依河督杨以增。咸丰六年卒。方道光季年，金陵大水，先生官京师，忧之。时乡人建议永闭东水关。先生致书陆制军，言其不可。略曰：近接敝乡寄到江宁水患和说一篇，不知出于谁手。所言颇畅，其中元武湖湮，东关制坏二语，尤为扼要。惟其言可治者三，除挑浚内河之外，如荡除草鞋、夹洲渚，及开通海口沉船、积沙等语，意非不善，奈工大费繁，难以集事，仍属空言无补。而于省城切近之灾，所为湖之堙者宜浚，关之坏者宜修，独无一言及此。犹之医者，只尚论病状，而未筹治病之方也。且又闻有议者，专以东关进水为患，将尽举旧设水门永塞之。噫，是则矫枉过正者之所为，而非万全无弊之善计矣。今酌古准今，揆理度势，惟以挑浚后湖、修理东关二策为最妥，请详言之。

秦淮自秦迄今，千数百年，未之或易。当杨吴开城壕始分为二，今由大水闸经觅渡桥、长干桥者是也。其一支明初筑城，乃由东关出西关，以达之江。自古建都邑者，必于大山之下，广川之上。管子言之详矣。在昔水患不恒见，道光以前，往往议开议浚，而从无议堵议塞者。康熙间，诸生金浚，有秦淮水利考，载于江宁县旧志，其源委利病，言之最悉。然古今异宜，贵因时为变通，而补救有方，必折中于至当。当此之时，频年水灾，民不聊生，固不可泥古而议长开，抑岂可废古而议永塞乎？苟因目前之患而永塞之，则东关之水点滴不通，内河渐成平壤，设冬令干涸。及亢旱之岁，城内人烟稠密，既无汲取之资，易致祝融之患。况沿河居民日倾粪溺污水，涤荡无从，郁积日增，病症日作。前此道光十一年，曾经堵塞者半载。逮十二年春夏之交，河水变成绿色，腥秽四闻，时疫大作，此明鉴也。平心以处，亦惟以挑浚内河为第一要义。自东关起，至西关止，先将秦淮正河宽处，视河身之广狭以定则。深处统以及丈为率。如有余款，再将青溪、运渎诸河一并浚之，水由地中行，横决之患，庶可免乎。所有东关旧设木板闸多遗失，此皆从前办理之不善，无庸追究。应请遴委廉干之员协同正绅，重新修整。并请明定章程，责成承办官绅，不时会同查勘。如山水陡发，即督饬闸夫，将水门一律关闭，以资堵御。及水势既涸，或值亢旱，仍酌量启放，俾资利汲。如此以时启闭，害既不妨，而利亦不废，此浚河以修关之一策也。

按：此稿不载柏枧山房集，文笔亦不类，而甘郎中熙《白下琐言》详载之，元宁合志亦采焉。文中言后湖一节，注重地形龙脉，此吾乡甘氏家学也。窃尝疑之，彼时梅、甘宦京曹，或甘郎中具稿而梅上之，未可知也。然自是有关地方利害之文。梅郎中咸丰六年卒于淮上，虎不逮侍几席，益在私淑之列。因存此文，略具事迹。为是编冠，非自紊其例也。

又按：余童时随长老饮淮干茶肆，见淮水西流，怪而询之。长老曰："此东关放水耳。城中河道狭，水积秽，赖此冲刷以清。"复问水东入将安出。长老曰："故道西出铁窗棂即塞栅，惜今湮塞矣。第此工殊不易施。"当时闻而谨志之。今观梅郎中言，春夏之交，河水变绿，腥秽四闻，知其来久矣。然证以余童时及中岁所见，犹不若今日之甚，则以时放东关水为之冲洗也。十余年不归故乡，时闻游金陵者，有一沟秽水之诮，不稔地方长官有暇料理否，附注于此。仁虎注

金先生鳌 字伟军，江宁岁贡生。性伉直，学问详洽。著有《读左按微》《五经四书辩异》《金陵待征录》《祈泽寺志》《桐琴斋文集》《鹭藤花馆诗存》《红雪词》诸书。熟于乡邦文献，遇地方利弊，尤能言人所不敢言。其《待征录》中论秦淮云：不从赤山湖治起，终为无效。当时长官，固鲜留意，即乡人亦有谓其迂阔者。迨光绪初年，左文襄督金陵，读其书，大韪之。决意兴赤山湖工，以增秦淮水利，集所部六提镇兵，遴监司大员督之，万锸并举。工未及半，文襄移督他省，事遂中辍。论者惜焉。盖有士君子穷而著书，当其吮毫构思，见者或易视之，而遇其时、遇其人，或因以成非常之功。若兹事是

也。使文襄久于任，安见玉关归来六千之壮士，不及祖龙三千之赭衣，事之成不成，命也。然先生之说，则已行矣。

尚先生兆山 字仰止，句容廪生。研求朴学，不尚词华，尤精于地理、算术。左文襄之治赤山湖也，命总司文案。先生初拟网罗全湖往事，作《江宁图经》，继乃为《赤山湖源委札记》。其自序略谓湖为上元、江宁、句容、溧水四邑之所归宿，淮源于湖，湖源于山。四邑之水，入湖及淮者，山合周六百二十里。今为兹编，用定四说：一曰绝拘墟，二曰详故迹，三曰传实际，四曰则古昔。复为表曰祈年志、凡编文集一卷、今图一卷、图说一卷、历代源委图及图证一卷、古迹考二卷、祈年谱一卷，共七卷。邑人蒋氏《金陵丛书》收之，题为《赤山湖志》。其按语略云，湖为秦淮之源，为强豪所占，规而为田。群山之水，湖不足容，下注于秦淮。六、七月之间，雨集，江水既盈，淮不得泄，溢而横流，淮之两岸，皆为巨浸，皆水利不修之害也。修水利矣，又只知浚淮，不知浚湖，不数载而复其故，是浚犹不浚也。左文襄始议浚湖，文襄移节，湖功遂废，先生痛之乃为是志云。

陈先生作霖 字伯雨，江宁举人。家世清华，曾祖授。祀乡贤。祖维垣，与弟维屏同榜进士。父元恒，举人，官教授。先生性至孝，淡于荣利。一上春官，即不复出，隐居奉亲，读书课弟，怡然自得。葺先人敝庐于南乾道桥，号曰可园。于书无所不读，尤究心史学。于金陵文献，搜辑详备，著述甚多。尤风行者，为金陵通传、通纪，凡百数十卷，别有金陵小志五种，曰《运渎河道志》，曰《东城志略》，皆佐之以图，于城中沟渠桥梁，纤悉备具。又有《钟南淮北志》，未蒇稿，会以目疾作，子贻绂续成之。晚年以目复明，自号重光老人，年八十六卒。及门诸生，成就甚众，门生私谥曰孝通。

潘侍御敦俨　字清畏，江宁人，忠毅公铎长子。忠毅歿王事于滇，恤荫甚厚，先生以家嗣特授郎中，补武库郎，故不及以甲科进。性伉爽，负文誉。所交皆并时名士，尤负气节。俄迁御史，一月章十上，所劾皆一时权贵，直声满都下，而侧目者亦众矣。既而以疏语连宫闱，奉严谴。罢官归里。无一椽之居，赁小屋于青溪渡口。江南大吏，弗敢延接，先生亦不屑一枉过也。先伯河厅文酒之宴，则时时招往。其人广颡大颐，容貌甚伟。数爵后高谈大睨，若不可一世。薛桑根先生尤敬礼之，曰此名公子，复能自树直节，将来位置，在直谏传中，非吾辈所敢望也。先伯与桑根相继谢宾客，先生益牢落，境愈窘困。江宁太守黄安李公欲聘主讲凤池书院，笑谢曰，被罪之躬，讵足为多士楷模哉，卒谢不应聘。有故人为浙中大吏，书来招之游西湖，欣然往。至则寓孤山萧寺，日徜徉湖上。大吏再驾访之，不获见，乃驰书绝交。无何以微疾卒，寺僧殓之。

薛山长时雨　字慰农，全椒人。金陵学者称曰桑根先生。与湘乡曾文正公同举进士，同官翰林，至相得也。既而外简浙中知府，历官十余年，调杭州府。年未衰，遽引告归。文正督两江，招游金陵，聘主尊经书院。爱士若饥渴，士心归之。提命风雅，不废声伎，日徜徉于秦淮诸家水榭。天才敏赡，赵观察河厅之“停艇听笛”匾额，其即席所题也。邑人杨太守常与先生为叶子戏。六十生日，先生寿以联曰：与我作叶子戏，为君数花甲年。其他所作多类此。才华之士，争附焉。海阳许豫，撰《白门新柳记》，品骘秦淮声伎。先生与门下士既时作淮舟游，亦将作《秋柳记》，语闻于外。时督部为李雨亭宗羲，而李小湖大理联琇，主惜阴以书院。两公皆讲理学，意不然之。一日惜阴课士，命题曰喜雨亭赋，劝农辞，盖用薛之字以示讽也。他日尊经命题曰："我无官守，我无言责也。"一笑置之。先生主金陵讲席久，士类归怀，遂有终老之意。筑薛庐于盋山，移家久居焉。门下士顾云为作《盋山志》。其殁也，弟子服心丧者甚众。某公挽之，有八百孤寒齐下泪之语，盖纪实也。

刘壮肃铭传　字省三，六安州人。其勋业爵秩，详清史本传。兹但举其逸事，以概生平。壮肃既解兵柄，爱秦淮风景，卜筑河干。秦淮河房，多临流建屋，甚乃支椿架木，侵占河面。壮肃家独不然，曰河道终当复旧制，吾辈皆侵河基，旧道安望规复？命去河数丈建屋，前为广除而已。此虽小节，可见其谨慎守法度也。面多痘斑，为偏裨时同辈呼曰刘六麻子。既成功名，犹有以此呼之者。尝与薛桑根同步行诣先伯河厅，邻儿围而呼曰："刘六麻子来矣。"刘但笑曰："麻何伤？"桑根戏曰："昔张桓侯能怖儿啼，公乃能令儿乐，胜前人远矣。"相与谈笑而过。晚年颇好文事。能作擘窠书，亦能诗，恂恂若书生，无喑呜叱咤态。日坐水阁，临流作书，或与宾客围棋，弈亦高手。秦淮妓周文宝，翘楚也，眷而纳之。既而求去，询其故，曰："昔慕公英雄，故委身以事，今观之，殆老儒生耳。"壮肃曰："此终非笼中物，今太平无事，犹望我立功名耶。"厚赠以衾而遣之。

先从伯讳家钧 字健人，伯祖建阳公第四子。幼工文，书法松雪，诗宗阮亭。手录渔洋集至三四过。随官于闽，以修城功，保县丞。乱后，需次于浙。见宦场之尘浊，叹曰："此讵可一日处耶。"弃而归。时金陵故居夷为蒿莱，里人杨竹荪太守，有河房在饮虹桥西之牛市，推让与居。斐几湘帘，位置楚楚。家无担石，而性好客，文酒之宴恒集。有厨娘曰王妈，工烹饪，而性忠诚。一日晨起，方叹无米，晌午客大至，午筵既张，客皆醉饱，皆由王赊贳来也。与薛桑根、刘壮肃过从尤密。某岁除夕，壮肃稔其无以卒岁，怀金诣焉。入门，闻爆竹香花，岁事毕具。讶之。公笑曰："吾逆知故人念我，故预贷以应，万事俱备，不待东风也。"壮肃大噱曰："惜吾治军，不以公管储需也。"有郑二娘者，擅歌曲，负秦淮名甚，老矣。公纳之，曰："此所谓千金市骏骨也。"既而家益窘，郑求去，遣之以诗，惆怅不胜情。司寇伯有故人抚浙，过公，约偕往。谢曰："仆少日已尝此味，顾格格不相入。今老矣，强往，徒败公事，无益也。"著有《耐园集》《悔迟庵诗存》。

范叟春泉 金陵故家子。幼不甚读书，而诙谐机敏，长于肆应。初以微员至闽省，未久弃归。与余家为故旧。牛市河房之宴，范必至。董率茗馔，周旋宾客，人皆乐与谈。光绪季年，垂八十矣。壮旺若少年。其述秦淮往事，如数家珍，殆丁继之之流亚也，然其言特有风趣。衣服短峭，或嘲其趋时尚。范曰："此六十年前旧式也，我不趋时，时来趋我耳。"范之恒语曰："人生在世，饮食而已矣。"其亲家有杨五老者，甚富，而自奉极俭。恒讥范之饕餮，范曰："吾与君皆八十矣。他日阎君见召，问吾曰：'范某，汝碌碌一生，所得何在？'吾可指腹曰：'尽在此中。'更问君，君必对曰：'有'。问何在，必失声曰：'噫，惜未携以俱至。'"闻者轰堂，杨亦稍稍悟。秦淮舟中有会，或悯其老，不欲邀之。范闻必至，健步登舟，不假扶掖，入座哄饮，或缕述名流游宴旧事，既醉饱，悄然竟去，亦不辞也。逾九十，始卒。

郑大令维翰　字季申，金陵世族。居文庙后之状元境。弟兄五，皆有声庠序间，君其季也。为文洗伐严洁，而衣履肮脏，人呼之曰，郑四呆子，亦无忤也。早举乡试。某岁端午，数友邀泛舟秦淮，而无觅舟处，败兴归。友中有好事者，谓秦淮灯船向集于大中、利涉之间，今乃滥集泮宫前，污秽圣地，宜加严禁。具呈于府，而以季申名首列。季申亦漫不加意。时太守为黄冈李公廷肃，遽判曰：事属维持风化，尊礼圣域，应即严禁。惟该举人等亦应束修自好，闭户读书，不当于秦淮河一带，往来梭巡。批出，士类哗笑。季申始寤，乃自具复，谓举人近圣人居秦淮河畔，为出入必经之途，非校巡也。且游舫喧阗，昼夜不息，亦非所以安民敦俗。伏读批示，似太尊曲祖妓家舟子云云。李公甚怒，第其词直，无以折之。乃批谓查该举人降生之岁，即本府南宫上第之年。即以行辈论，亦应服从劝告云云。盖李为咸丰癸丑进士，而季申实以是岁生。乡长老力劝，季申始自戒冶游。明年亦成进士，官浙江知县。

周太守钺　字左麾，江宁人。初为诸生，文名藉甚。既乡举，出就鲁豫诸侯幕。于书无所不读，尤工奏记。屡保至知府,需次河南。未久而归,筑宅于东关头。藏书甚富,有楼五楹,面钟山而俯淮水。汛扫严洁,皆以储书。颇多善本,日坐搜览。视隔河之丝管喧扰,泊如也。金陵英俊士流,多以口舌争胜,或但工时艺,而不甚读书。唯君与家蔼如兄,均沉默耽玩典籍,手不释卷。有文酒之筵,众方欢呶。君与家兄至,一时顿息。盖皆博闻强记,一语而定众争,故一时称周夏云。近六十,旋复出山,卒于豫。无子,有弟不能承兄业。不数年,藏书尽出。既而修城内铁道,自东关跨淮施轨,秦淮风景全异。蔼如兄亦构屋于东关,两家比屋,皆在铁轨冲处,并毁废,故址皆不可寻矣。

仇太史继恒 字涞之,晚号赘叟。丙戌进士,用庶吉士。散馆改户部。初莅部曹,即条上应兴革十余事,长官以为新进喜事,不谓然。君乃求改外,选陕西城固,调凤县,皆有治绩。旋以亲老乞归养,被选为省议会长。改革后,任省城马路工程局,开局于复成桥下。于其旁仓址,集乡人资,经营仓园,设地方公会其中。临淮流建初堂,花石台榭,手自营度,遂成胜地。兼精音律,学琴于金山僧,学琵琶于京师赵瞽,皆尽其妙。春秋佳日,里中文士并集妓之慕风雅者,亦日诣,若女弟子。政局再易,君亦老矣。时江宁县治移土山,加赋建县廨,已若皇居矣。赋未已,乡人不能堪,求援于城绅。君率地方长老,呈县令梅某乞免。越数日判还,以浓墨大书其牍曰:“奉县长谕掷还。”下署衔则县传达吏也。君笑曰:“是何政体,事可知矣。”遂不复问地方事。年八十,重游泮水,与友泛扁舟,过仓园旧址,时已占为某军队驻所。眺望初堂,半欹废矣,喟然而返。

陈太史光宇 字御三，江宁人。初为诸生。天才横溢，为文不可羁勒，老辈惊服。学使黄漱兰侍郎激赏之。充乙酉拔贡，旋中乡试，举壬辰进士，改庶吉士，留馆授编修。时黄侍郎方为清流襟领，推挹之，名在顾及间，声满都下。顾不谨细行，间作北里游，值大考已前列矣。有忌之者谓其好为人捉刀，且好冶游，言于枢相，附三等末，交掌院学士察看。遂一蹶不振，益自放废，从事于醇酒妇人。归金陵日，徜徉于秦淮，已咯血，犹于舟中作豪饮，或规之曰，时事可知，吾为扬州梁伯龙可也。卒不改，俄卒。

孙大令启椿 字绍筠，上元人。丁酉举人。其治学与治事，悉以精心采力行之，不达弗已。书法王梦楼，遒劲多姿。至会试报罢，考职以知县分山西，不乐而归，一意营实业。初领租后湖，养鱼种稻，甫有成效。为大力者所攘，而意不灰。北城青溪，旧流既断，多汇为池塘。人以其无用弃之。君曰："是奇货可居也。"辄以贱值易得，从事疏浚，以蓄鱼苗。三岁而大获，尝捕鱼，未明而往，冒雨雪无恤，更治田于龙都。生计以是优裕。地方长官知其才，俾董理官产，益得展布。淮流至四象桥，支流旁衍，为巨塘。塘之西，旧有四松园，孙渊如故居也。一易为凤池书院，再易为茶肆，兵燹后久成瓦砾场矣。君曰："此吾家故物也。"残值易得，经营数岁，虽四松羽化，而花石位置，亦颇楚楚，题曰廉园。将终老焉，年六十卒。

秦公孙 字平卿，芝轩尚书之曾孙也。少随父官于蜀。归里应试，入邑庠，与里诸名士游。门第既高，才复俊美，佳公子也。游秦淮，在璧人之目，淮干名妓争与纳交。平卿亦乐不思蜀。俄父殁于任，间关迎柩归。家既中落，食指复众，不得已而游幕四方，顾所如多不合，落拓而归。则西华葛帔，白发萧然矣。复与淮舟之游，妓中遂无识秦公子者。无何有雏姬携一媪至，一见大惊讶，凄然曰："君非秦公子乎？"秦亦曰："汝非阿玉乎？"相视执手，泪交于睫。妇盖二十年前最负盛名之玉枝也。相与话数十年间之飘零偃蹇，缕缕不已，继之以泣。闻者皆为惆怅，未几卒。

傅醝尹　字淞生。金陵富家子。读书不成，入赀为盐官，选粤之电白场大使，亦膏腴地。归益广治舍，建水阁于利涉桥下。画栋雕梁，备极宏丽。每岁夏日，主人既好客，客亦乐假以开宴，于是傅河厅之会无虚夕。夕阳既下，画帘四卷，广筵罗列，花香酒气，一座氤氲。栏外游船妓艇，环附如蚁。座上客多贵游。主人蕉衫葵扇，雍容谈笑其间。桥上行人，围观若堵，固一时之豪也。改革后，家骤中落，并水阁亦售人为旅舍。淞生老而困顿，至寄食亲戚家。偶从利涉桥上望旧日水阁，辄叹曰："吾当日建此广厅，可容百客。今俗奴败吾制，孔孔伸头，如蜂房矣。"然闻旅社中丝竹声，亦徘徊门外，不忍去。逆旅主人怜之，拓余屋，俾下塌焉。

涂秀才绳祖　字子赵，江宁人。祖逢豫，父煊，并治经学有名。父殉咸丰癸丑之难。子赵以孤儿育于舅氏张小伊即义士继庚子，亦沆爽负豪气，佐杨玉科军，保官监司。以争纳妓女，被劾罢官。时子赵已长成矣，辞归里，入邑庠。顾家无一椽担石，舅氏亦不为谋生事，曰："金陵人心苟未尽死，安有令张义士外孙饿死者耶。"子赵居里，以故人长者之爱护，并自授生徒为活。落拓不事绳检，亦酷似其舅。嗜饮，饮辄醉。冬一缊袍，无寒色。一岁仲冬，竟夕不归。翌晨，街卒扶以返，曰："此先生昨夕卧文德桥上，疑且冻毙，晨往观之，犹高卧未醒也。"家人询之，曰："昨夕月当头，吾饮某家，过文德桥见清光可爱，坐而玩之，不觉酣眠耳。"朋辈有消寒之局，客且散，子赵始至。衣履铮然，作金铁声，怪而迫视，则自胸以降，冻如甲矣。有舟子尾至曰："此先生顷植立河冰中，吾冒险援以上也。"询之曰：吾饮已酣，忽忆此局，意河冰已合，径践而过，不虞陷冰窟也。其任情径行如此。性伉直，好使酒骂座，然遇所心折，亦委曲如人意。急朋友之急，过其私，朋俦中亦咸服其有血性云。

董先者　不详其名与字。金陵人呼所尊礼者，曰先生。于所狎玩者则省生字，而以先儿二者并而呼之为董先。盖此类也。有稔之者云，为文恪公效曾元孙，以时代考之，殆相合云。先无恒业，以说书自活。短小黎黑，微髭，目奕奕有光。其言突梯滑稽，上九天而下九渊，亦不取材何种说部，大致就所身历演之。秦淮河畔，孔庙前，有广场，董之书场在焉。所说三事最有名：一曰刺马，即张汶祥刺马忠愍事。五步之内，血溅玉衣，举刃欲下，闻者皆凛凛无颜色。一曰道光中金陵大水事，探源溯流，从强豪之侵占河道，及淮流汹涌之声势，以及城中富家妇女，避患乡间，乡民之借故苛勒。所见所闻，鲜不可惊可诧可笑。一曰沉香街，即明项子京焚沉香床事。演毕辄指秦淮曰：诸君知河水何若是之臭乎？以其中焚沉香太多故也。闻者哗笑，亦多微旨。然述子京入院情形，与明代教坊不合，略似道咸间事，或曰此董之自述生平也。按金陵故家陵夷，率在癸丑之乱，明德之后，降为舆台，宁独一董先哉。

第六卷　宅第志

六代贵游，夹淮立宅。王氏兴衰，视其清绝。世运益短，滔滔不回。及见荷锸，俄焉蒿莱。《志宅第》卷第六

张昭宅　在娄湖。昭封娄侯，湖其所开，故名娄湖。《南史·齐武帝纪》：望气者言新林东府娄湖有王气，乃筑青溪宫，作新娄湖以厌之。又沈庆之有园在娄湖，一夕徙居之。应诏诗：老朽筋力尽，徒步归南冈。南冈即今周处台，宜在其左右而今无是湖。《秣陵集》

按：县志小运河水注：明人以为青溪，《吕志》以为西沟。实则淮水之支流，古运河水也。又陈伯雨先生《东城志略》谓：赤石矶在城内者为紫岩，俯临娄湖。今湖久涸，而乱石狰狞，俗呼老虎头者，娄湖头之转音也。

诸葛恪宅　《图经》云：在县东二里，古元风观前，南接青溪里。俗传云在今县东南百余步，面对青溪。其东即江令宅也。《客座赘语》

王导宅　导始立宅秦淮，命郭璞筮之。璞占曰：淮水清，王氏兴；淮水绝，王氏灭。《晋书》

按：《客座赘语》：辨乌衣巷应在镇淮桥长乐渡一带，不应指文德桥西一委巷实之。愚谓兹说亦未尽然。陵谷变迁，安见今之委巷非昔之华閈耶？“旧时王谢堂前燕，飞入寻常百姓家。”委巷正寻常百姓之居，唐代已如此矣。

谢尚宅 在竹格渚,今竹竿巷也。永和四年,尚宅舍为庄严寺。宋路太后改为谢镇西寺,是其处矣。《吕志》

会稽王道子第 东冶亭旁,其跨淮平旷之区,盖东府城故址。晋会稽王道子之第也。赵牙为筑土山于中,曰灵秀。义熙十年,移扬州治于此。《东城志略》

纪瞻宅 钞库街,明置宝钞库于此。骠骑航实当其地。《晋传》中纪瞻之宅在焉。瞻拜骠骑将军,即家开府,故航以官名。《东城志略》

顾恺之宅 顾楼,本顾恺之宅。在武定桥西,后为酒肆。侯朝宗、冒辟疆、吴次尾、刘伯宗结盟于此。《待征录》

汝南王宅 在汝南湾,即淮流东折处,汝南王南渡家此。县志

陆机宅 《建康实录》云:陆机入洛,作怀旧居赋云:"望东城之纡徐,邈吾庐之延伫。"李太白题,王处士水亭云齐朝南苑,是陆机宅。其诗云:"王子耽立言,贤豪多在门。好鹅寻道士,爱竹啸名园。树色老荒苑,池光荡华轩。北堂见明月,更忆陆平原。"《图经》云,在县南五里,秦淮之侧。《六朝事迹编类》

刘瓛宅 《南史》:刘瓛,字子珪。居于檀桥,瓦屋数间,上皆穿漏。竟陵王子良,表为立馆,帝以杨烈桥故主地赐之。《六朝事迹编类》

按:运渎水西流至笪桥,即古杨烈桥也。《南史》王僧虔观鸭于杨烈桥,即此。在唐曰太平桥,放生池在其旁。有颜鲁公放生池碑,见《建康实录》。

朱异宅 《南史》:梁朱异及诸子,自潮沟列宅至青溪,其

中有台池玩好,每暇日与宾游焉。《建康实录》

孙兴公宅 《两间集》云:在秦淮对岸,王昊庐宗伯寓居处。按宗伯(名泽宏,黄冈人)居东园,筑红蕾山馆。见《白门风雅集》某注,其为孙绰旧居,未知何据。《金陵待征录》

豫章王嶷宅 在青溪,见《建康志》年表。

何尚之宅 县志:城壕水南合落马涧水。《建康志》:本南涧也,何尚之宅在焉。

孙玚宅 陈起部尚书孙玚,居处豪奢,宅在青溪东。西即江总宅,穿筑极林泉之致。《实录》

江总宅 《建康实录》云:南朝鼎族,多夹青溪。江令宅尤占胜地。刘禹锡诗:"南朝词臣北归客,归来惟见秦淮碧。池台竹树三亩余,至今人道江家宅。"今城东段大夫约之宅,即其地也。故王荆公诗云:"昔时江令宅,今日段侯家。"《编类》

陶宏景宅 《实录》注:淮水出西水关,在淮水南,有陶家渚,相传陶隐居宅在此,故名。《客座赘语》

檀道济宅 《建康志》引异苑云:檀道济居青溪。先是吴将步阐所居。谚云:扬州青,是鬼营,自步及檀皆被刑。《编类》

宋齐邱宅 旧传在镇淮桥之北,御街之东,今南北校务是也。其后又为南唐国子监。《编类》

皇甫晖宅 在漾米桥旁大王府巷,巷本名皇甫,后为元文宗藩邸,改名大王府。县志

蔡宽夫宅 即今之贡院也。南窗记谈云:蔡宽夫治第于金陵青溪之旁。穴地为池,数尺之下,见有瓦砾,及朱髹匕箸数十。又深尺余,釜镬瓦锡之器甚多。乃知前代此下,皆人居

也。今为贡院基。县志注

段缝宅 在湘宫寺左,即江令宅旧址也。宅有割青亭,取荆公诗割取钟山一半青意也。宋乾道五年,移放生池于青溪之曲,即割青故基。县志

汤和宅 在武定桥南,即古之桐树湾也。以信国公府所在,今称信府河。旧有汤和庙,今废。县志

张辅宅 自镇淮桥南转东,为大英府街。以明英国公张辅府而名,今改称大膺福街。《东城志略》

小英府 在转轮桥旁,英国之分府也。《东城志略》

张益宅 张文僖公益,赐第在镇淮桥东。《金陵琐事》

贝琳宅 明监副贝琳,居武定桥西。庭植丝瓜,一蒂相连。倪文僖公谦以文贺之。《帝里人文略》

梁俭庵宅 梁尚书材,罢官后,门庭肃然,不异寒士。同时管检校子山亦罢归,同在武定桥,南北相望而住。子山造楼居,门庭如市,时人反称之曰梁检校管尚书。《金陵琐事》

永康侯宅 在四象桥西之八府塘,疑为《晋书·韦粲传》之青塘。《南都察院志》

司马泰宅 在羊市桥。《客座赘语》

顾起元宅 在新桥。余家饮虹桥北。河房为家僮所居,中有白鼠,若初生者。仆僮时见之,白物不必长年,亦不必瑞世,自有此种。《客座赘语》

焦竑宅 少桥张封公,居北门之豆巷。尝语余三十年前有一堪舆谓之曰:君宅后之河,自西而东,所谓一弯辛水向东流也,宜出状元。久之,焦澹园先生移居对门,至万历丁丑,果

大魁。《客座赘语》

史忠宅 西州桥又西，明史故里也。有楼曰卧痴，其地有史墩焉。县志

尹凤宅 尹三元凤宅，在白下桥西，今称三元巷。《帝里人文略》

唐之淳寓居 内桥街东，古天津街也。方正学荐山阴唐之淳为侍读，同纂鉴戒录，舍于此。《静居志诗话》

茅元仪宅 在武定桥西。书影云：元仪著《武备志》，献于朝，崇祯以赅博称之，因建赅博堂。《东城志略》

吴尚书宅 在北门桥，古武胜坊也。有吴交石尚书宅。《客座赘语》

方拱乾宅 在五块砖，灌木拥翠，双桥藓径，最为幽阒。《白下琐言》

林古度宅 在珍珠桥，古度旧家华林园侧，有亭榭林泉之美。后别卜数椽于珍珠桥南，陋巷堀门，萧然自得。《金陵诗汇》

邹满字宅 满字名典，明亡不仕，贫苦励志节。居东园，友人胡念约为构小阁，颜曰节霞。满字自署清溪一曲，作白日掩柴扉诗以见志。《金陵诗征》

张修宅 居鹫峰寺侧。篱落幽闲，花竹静好。尝坐寺钟楼，反扃其户，遐想云外，翛然吮笔。《诗汇》

王亦将宅 亦将性孤癖，结楼东园，非其素好，不下楼一步。《诗汇》

刘旂锡宅 旂锡作《白下余谈》，有宅在东园，废为茶圃。《金陵诗征》

樊圻宅 圻与兄沂居回光寺畔。疏篱板屋，二老吮笔作画，如神仙中人。《诗征》

朱庭柏宅 运河水又南折，至马家桥，有绿萍湾。朱处士庭柏，字修林，寄寓其上。宋山言诗：便欲从君图画里，杉皮屋子补三间。《东城志略》

王廷铨宅 东为采蘗桥，侧有王义士廷铨京庐。查慎行诗云：采蘗桥上留诗别，母在尤当惜政身。则亦游侠之雄者也。《东城志略》

纪伯紫宅 去芥子园不数武。李渔《寄纪伯子诗》序

王徯服宅 鲍元芳诗注：王徯服居辛水桥侧。按县志：宅在焦状元巷。辛水桥今已无，殆亦取一湾辛水义也。

刘然宅 诗人刘然宅，在沙湾，有玉谷堂、友声阁，名流争集。《诗征》

程廷祚宅 程棉庄宅，在如意桥。《小仓山房文集》

唐仲冕宅 在寿星桥，有小东园。园有连茂轩。仲冕诗序：金陵山馆，购十余年。有木瓜树、双干联枝，似海棠而香，落实甚夥。百年前物，今始见其连理之奇，因以名轩。《唐仲冕集》

方尔止宅 在桃叶渡，尔止继娶汪公绩女，用医自活。著《嵞山集》。女夫王概，为之梓行。《待征录》

胡晚晴宅 在石坝街，临石坝之首，有木板以泄水，名金陵闸。胡太守锺之宅在其东。《东城志略》

朱述之宅 在金陵闸西。述之太守留心家乡文献，作金陵诗征。《东城志略》

张泺宅 顾怀三宅濒淮有张明经泺宅。泺，字子澜，道

光中诗人。与顾怀三秋碧，夹河而居，人称白门二妙。《东城志略》

缪筱珊宅　江阴缪太史荃荪，主讲惜阴书院。移家金陵，买宅于饮虹桥西。结艺风楼，藏书其中，今归夏氏。

刘河厅　六安刘壮肃铭传之居也，在石坝街西，相传为丁继之河房旧址，复社会文处也。厅不临水，前留广除，杂植嘉卉，周以短垣，最为壮丽。东城志略谓其地为丁字帘，以对河水港歧出，如“丁”字形。以下以屋为主，并称河厅。

周河厅　在刘河厅北。合肥周武壮盛波宅。武壮子弟多喜儒业，当时河房文酒之会甚盛。不三十年，即已凋落。皖中族姓，咸来分据，几于一屋一小烟冥，旧观全失。

赵河厅　在贡院东街。主人太湖赵观察，合肥李文忠之妻兄也。今为酒肆，即薛桑根题停艇听笛匾额处。

杨河厅　在贡院东街，湘人杨总戎金隆所居，改革前已为金陵春菜馆。

郭河厅　**林河厅**　在东关头。皖人郭月楼观察与苏人林月秋观察，比户而居，至相得也。郭朴而林巧，日于水阁相习扶乩。林羡郭之貉裘，一日乩忽判曰：郭子之裘甚美，宜与林子著也。郭即解以奉林，忍冻而归。其后屋折以售人，家兄蔼如得其半。

杨河厅　皖人杨总戎宅。杨随李勤恪汉章，任广州协，即当时所称三羊开泰之一也。光绪中年罢官居金陵，卜筑于东关头，于诸河厅为后进，而壮丽过之。

傅河厅　在利涉桥下，邑人傅醛尹崧生建。里人之居以河厅称者，唯此一家，余皆淮湘将领也。傅既素封，又为粤中盐官，益厚殖产，地既冲要，主人复好客。消夏之会，排日为欢。改革后，家骤落，河厅亦售人为旅舍，零落不堪矣。

水上两岸人家，悬椿拓架，为河房水阁。雕梁画槛，南北相望。每当盛夏，买艇拓凉，回翔容与于利涉文德二桥之间。扇清风，酌明月，秦淮之胜也。县志

按：金陵临河人家，虽小小水阁，布置亦皆精雅。夕阳既下，湘帘齐卷，盆花茗椀，处处怡人。新月东升，羊灯不耀。闺人浴罢，凭阑照影。鬓边襟上，香雾四溢。游船过之，疑为天上清都矣。凡此为四十年前景物。自灾乱频仍，民生凋敝，屋皆失修，河益淤秽，六朝佳丽之地，乃不可复识，念之惘然。

第七卷　园林志

山川之美，正须点缀。譬若佳人，亦赖装饰。远自乐游，迄于近代。往籍既搜，见闻并载。《志园林》卷第七

芳林苑　《寰宇记》云：芳林苑，一名桃花园，本齐高帝旧宅。

在府城之东，秦淮大路。王融《曲水诗》序云：载怀平浦，乃眷芳林，盖谓此也。又按《南史》：齐时青溪宫，改为芳林苑。初赐南平元襄王，命萧子范为之记。《六朝事迹编类》

陶谷　相传以贞白居得名，后为张氏园。在古梅一株，齐梁物也，花开作紫檀香，今废。同上

乐游苑　《舆地志》：在晋为药园。宋元嘉中，以其地为北苑。县志青溪七桥，引《实录》注，最北乐游苑东门桥。县志

青溪亭馆　自杨吴筑城，青溪始塞。宋开庆间，马光祖复浚之，建先贤祠，及诸亭馆于溪上。有百花洲、放船亭、四望亭、天开图画、玲珑池、玻璃顷、金碧堆、锦绣段、镜中桥、青溪庄、清如堂、万柳堤、溪光山色、撑绿亭、添竹亭、香远亭、香世界、花神仙、众芳亭、爱青亭、割青亭、一州烟月诸胜。筑堤飞桥，以便往来，然青溪仅余一曲矣。县志

中山园　《弇州名园记》：东园一曰太傅园。初入门，杂植榆柳，余皆麦垄。转而右，为心远堂，为月台，为小篷山，有峰峦洞壑亭榭之属。左有一鉴堂，枕大池，丹桥迤逦，凡五六

折。桥尽有亭，宛宛水中央。一水之外，皆平畴老树，壮丽为诸园甲。又有世恩楼，徐霖篆额，见《待征录》，今废。垂杨春媚，芦雪秋飞，雉堞近环，钟山远矗，至今尚为诗境。县志

息园　顾尚书璘别墅，即江总故宅也。《尚书·息园记》曰：园袤五十步，广半之，中取纤径通步。修竹后挺，嘉木前列。南有广圃数十顷，颇杂池沼，达于青溪。柽榆蒲柳，掩映森蔚。有载酒亭。又有见远楼，高三十八丈，凌空构造，不施寸砖，四面八窗，飞檐深广，嘉庆间犹存。县志

记谓楼高三十八丈，不施寸砖云云，恐无是理，必有误字。而旧志及琐事、《待征录》，均引之不加考证，并云：清嘉庆间楼尚存，可怪也。愚意丈字或尺字之误，差为近之。

石坝园　旧院址，在东花园之右。一河为界，建长板桥以通行人。后桥废，两旁筑埂，名曰石坝园，亦曰石坝街。《吕志》

乌衣园　旧有乌衣园，在乌衣巷东，王谢故居也。一堂匾曰来燕堂，后植桂，亭曰万玉香中。梅花弥望，曰百花头上。同上

市隐园　在武定桥下油坊巷，姚元白所创。有玉林、茶泉、中林堂、思元室、春雨畦、海月楼、鸥波洗砚矶、柳浪堤诸胜，见许縠《归田集》。后南半为元白孙拓而大之，北半归何侍御仲雅，改名足园。县志

快园　在市隐园旁，徐霖所筑。翠筱清涟，芳林幽砌。有丽藻堂、晚静阁。明武宗南巡幸之，钓得金鲤，失足落池中。后园中有宸幸堂、浴龙池，纪其实也。《琐言》

读乐园　在武定桥石室之右。有亭翼然，八窗虚敞，中

贮藏书十二架。张白云《名园记》

韩园　韩襄宇创，在武定桥下剪子巷。石山中峰，高可二丈。从徐氏东园购得。宋贤题跋甚多。县志

石将军饮虹园　在五块砖。县志

竹园　武定侯竹园，在竹桥西汉府之后。县志

随园　焦润生随园在通济门，地近东冶亭。顾起元诗："常忆牛鸣白下城，宋朝宰相此间行。"地近白下寺，有寇莱公书额，故云。县志

朴园　在鸽子桥旁，旧属陈氏。有白皮松二，高出墙外，苍秀独绝。树今亡，而园亦易主矣。县志

倪园　笑峰大师所构，后归倪氏。有亭三楹，虚敞而邃，修竹蔽天。张白云《名园记》

按：笑峰即倪太守嘉庆，明亡复为僧。倪氏乃其子孙也。

桂园　王詹事孟起别墅。见帝里人文略。

芥子园　在小运河水旁，与周处台相近。李渔《寄纪伯子诗序》

同春园　在沙河街，俗呼沙窝，又转为沙湾。在秦淮南岸，对竹街，古永安坊小巷内。同春园，齐宗人园也。赠语

楝亭　在淮青桥织造署中。曹完翁筑亭课子，植楝其侧，名曰楝亭。县志

绿园　在大王府巷，邢氏之园也。修廊广厦，小亭短垣，致静逸。今废。《白下琐言》

五松园　**五亩园**　阳湖孙星衍，本侨居旧内之五松园。园有古松四株，故名。后复就菜圃隙地垒石穿渠，莳花种竹，曰五亩园。有窥园阁、小苧陂、廉卉堂、留余春馆、啸台、鸥

舫、大观台、蔬香舍、蒹葭亭、枕流轩、绿斐茨、映雪亭、奥室诸胜。后废为茶肆。俞陶庵太守合绣春园故基,购为凤池书院。书院移武定桥东,而旧址遂废。《白下琐言》

按:园傍汇内桥、四象桥之水为巨塘,其旧基为孙大令启椿购之,今为廉园。

春水园　曹恺堂别业。汤贻汾诗云"莲花桥北石桥东"是也。县志

塔影园　即姚元白市隐园旧基。清乾隆间,熊编修本得之,改名。旁有借影园,龚文思诗注,即江淹宅也。县志

瞻园　在武定桥东大夫第,秦涧泉学士居此。有瞻园,取瞻望玉堂之意。相传本何为宠赐第。

可园　在南乾道桥西,陈伯雨先生之居。有寿藻堂、瑞花馆。地不甚广,先生著书其中,萧然自得。

鉴园　在大中桥,主人吴鉴泉观察。皖人儒雅能文,故园无俗韵。中有高楼,俯临淮水,平揖钟阜,余但高槐大柳,曲槛疏篱,无多建筑,自然幽邃。惟临水不立石岸,平时葭菼纵横,颇饶野趣。河水盛涨,即成泽国,为可惜耳。

韬园　在鉴园对岸,不知主人谁氏,或隶官中也。占地甚广,而无甚结构。沿河缭以短垣,可以外窥。昔为沈凤楼太史借居。劝业开会,杨星使杏城以为公馆。河中游船盛时,杨恒往来墙内,纵观为乐。僚佐入谒,辄曰:"君等河上之游乐乎?"惜余不克从也。客或曰:"星使往来墙内,自吾辈观之,若于动物园中,观山王之盘旋笼内耳,相与大噱。"后为江苏通志局。

仓园　在复成桥旁，本复成仓旧址。仇太史继恒，归里后任马路工程，设局于此。就仓址经营为园，款皆募自乡人。设地方公会其中，与乡人月一聚食。一竹一石，皆太史手自位置，甚具苦心。有初堂，面山临水，为一园胜处，文酒之宴无虚日。秦淮丽人，恒棹扁舟，不召自来。或挑野菜，或锄新笋，或垂纶水际，得鱼即自行庖，歌呼纵饮而散。十六年后，公会星散，园为军队所占，竹木半为樵苏，屋宇亦渐颓敝矣。

朗园　在大中桥下，未成园也，为合肥李氏产。盖度地而未经营者，然高柳已大数围，茅舍疏篱，自饶雅趣。或于其间设茶肆焉，点心甚佳，游船午后恒集于此。

秀山园　本以祀李督军秀山，后乃归公中，作公园焉。占地甚广，有紫藤十株，巨者如臂，连架如廊，花时甚美。木香一株，荫如方丈，凌霄亦甚大，不知从何处移来也。

第八卷　坊市志

人伦坊表，用式里闾。品物所萃，乃亦取诸海陆之会。兹为尾闾，殷阗蕃庶，更赋吴都。《志坊市》卷第八

锦绣坊　南唐御街，在天津桥南，直对镇淮桥，台省相列，夹以涂渠。东西有锦绣坊。《白下琐言》

按：南唐天津桥，即今内桥，与镇淮南北相望。

一门忠烈坊　石坝街有贵池会馆，祀明侍中黄观妻雍夫人，及二女配焉。有石坊临淮水，曰一门忠烈。

青溪九曲坊　犁头尖，在大中桥西南。其斜行曰善政坊，即青溪九曲坊也。县志

夫子庙三坊　有绰楔三：曰东南第一学，秦大士书；曰泮宫，朱子书；曰天下文枢，金坛王澍书。乱后重修，率非旧迹矣。县志

贡院诸坊　贡院门外："旁招俊乂，登进贤良"，及内龙门东西文场诸大字，皆程春海书。"辟门吁俊"四字，为汪金钺书，今为曾文正书。更辟东西四门，有搏鹏、起凤、和鸾、振鹭诸额。县志

衢歌巷舞坊　南门镇淮桥，有牌楼，题"衢歌巷舞"四字。后毁于火。《白下琐言》

尊贤坊　明道书院，在下江考棚右，有尊贤坊，见《建康志》。县志

武定坊　武定桥西，古武定坊也。县志

梁尚书邢榜眼坊　在武定桥东。梁尚书材、邢榜眼一凤，二坊並在此。《白下琐言》

青溪中断处碣　东园有小桥，曰苑家桥，中山园丁苑姓居此，故名。旧设酒肆，曰浣花居。有小碣，曰青溪中断处。徐洪基书也。今亡。县志

鱼极乐国　鹫峰寺后，有青溪阁。阁下为放生池。石上镌擘窠字，曰鱼极乐国。上祀鲁公，有碑记为通州姜渭访得，今存钟山书院。县志

古桃叶渡　利涉桥北，有坊题古桃叶渡，为游艇舣处。

古长乐渡　长乐渡，应天府志在武定桥西，今救生局口是也。有坊，题古长乐渡。

大功坊　高帝以魏国公功业非常，于居第左右特各建一坊，榜曰大功，以旌异之。《金陵琐事》

按：今东牌楼，为东坊所在。

武胜坊　北门桥西，古武胜坊也。海藏诗话云：荣天和与质库王四十郎，酒肆王廿四郎，陈角梳，结诗社于此。县志

清化坊　鸽子桥，旧名清化桥，一名清化坊。县志

钦化坊　笪桥市，旧名钦化桥，一曰钦化坊。其西南有宋安远楼、和熙楼，今废。《金陵新志》

会元坊　三坊巷，旧有许穀会元坊，徐霖书，今废。县志

孝子坊　郭孝子云川，倪上舍之鏖，並居武定桥西磊功巷，皆以孝被旌。一巷之间，两坊並峙，称仁里焉。《白下琐言》

佟公桃李碑　县学之左聚星亭。康熙间，三韩佟世燕修

造。上有佟公桃李匾额，乃生徒公建者。《白下琐言》

按：后乃改树丰碑，刻此四字，造亭庇之。

顾尚书坊 大中桥西，顾华玉尚书坊。旁款铲去，传为严嵩书也。《白下琐言》

淮青桥 淮青桥桥门，旧有集刘梦得、韦端己句云：淮水东边旧时月，金陵渡口去来潮。极称工雅，惜嘉庆已卯拆桥重建，此联遂失其旧。同上

济斋讲学处碑 在钟山书院，济斋简亲王号也。

乾隆初，总督江南，尤爱士，以实学期励。今书院讲堂之左，奉王神位，有石碑，刻曰济斋夫子讲学处。同上

都市 前明都会所在。街衢洞达由东而西，则火星庙在淮青桥至三山门，大中桥至石城门；由南而北，则镇淮桥至内桥，评事街至明瓦廊，高井至北门桥。官道极其宽廓，可容九轨。左右皆缭以官廊以蔽风雨。今为民居侵占者多，崇闳之地，半为湫隘矣。县志注引《白下琐言》

按：金陵都会大街市，皆依河水为经纬。南缘秦淮，东北依青溪故道，西北沿运渎亦秦淮支流也。

大市坊 旧有大市坊在大市街，又有敦化街、大中街，今门楼桥南十字街是也。县志

南市楼 明洪武中，建来宾、重译等十四楼，以处官妓。

按：金陵本有十六楼，有南市、北市二楼。今诸楼皆废，惟南市楼名尚存。

油市 在水西门内，有姚氏园。

丝市口 在饮虹桥东，古东市也。

盐市　在篾街,《肇域志》曰:竹街,又名盐渚,旧置盐市于此,俗名篾街。

灯市　笪桥灯市,为金陵一胜。正月初,鱼龙纷遝,有银花火树之观。其中剪彩,五光十色,尤为佳妙。后乃移于评事街。县志引《白下琐言》

鱼市　新桥(即饮虹桥),古鱼市也,当东市、西市、凤台、鹭洲四方之会。今新桥十字街口即其地。《建康志》

米行街　聚宝门外,米行大街东,古长干里也。《建康志》云:在秦淮南。《吴都赋》云:长干延属,飞甍舛互。《金陵新志》云:江东谓山垅之间曰干。建康南五里有岗,地平衍,吏民杂居,有大长干、小长干、东长干,在瓦宫寺之南。巷西头出大江。时寺在淮水南城外,不与长干隔。又今赛工桥,即是江水流处。其后洲渚潮生,江与长干远。而杨吴筑城,围淮水于内,瓦官在城中。城外别开今壕,乃与长干远不相属矣。县志注

牛市　在饮虹桥东北,西临淮水,有古风盛宅。世称古子敬香皂,汪天然包头,吴玉峰膏药,耿氏香糕,杨君达海味,仲氏纸扇,伍少西毡货,皆以一物名其家。《肇域志》引《南畿志》

考市　东牌楼沿秦淮东岸,北抵学宫贡院,南达下江考棚。大比之年,商贩云集。凡考试所需,书籍而外,各县著名文玩物产,若歙之笔墨、宣之纸、歙之砚、宜兴之竹刻陶器、金陵之刻瓷,乃至常之梳篦、苏之糖食、扬之香粉,可以归贻细君者,鲜弗备,名之曰考市。

夜市　古诗云:金陵市合月光里。今武定桥饮虹桥,尚有夜市。《金陵琐事》

茶酒肆　沿河多茶寮酒肆，命名亦咸近雅。若贡院街之“问柳近淮”、桃叶渡之“问渠唤渡”、夫子庙之“得月台”皆是也。酒肆则小槛凭波，向夕游艇纷集。问柳之鱼脍，最有名，盖系笭箵于窗外。河水半之，蓄鱼其中，临作脍始取出，故鲜美异常。

桥棚　桥棚之制久矣，县志云：新桥本名万岁桥，后改饮虹。注云：乾道五年，覆以大屋数十楹，开禧四年重修，宝祐四年又修，明正德中又修，今并拆去。

按：淮水南向三桥，中镇淮，东武定，西饮虹也。皆有棚以卖熟食，而武定桥顶上汤面最有名。以鱼肉为常供，虾鳝蟹雉，以时更易，无不鲜美。亦售饮馔。秀才月课得奖，偕数友小饮其中，醉饱而归，所费但青铜数百而已。

第九卷　游船志

舟楫之利，吴俗所擅。淮流既更，但供游宴。雨丝风片，烟波画船。纪其盛衰，世道寓焉。《志游船》卷第九

秦淮灯船，昔人称之。今则纯用玻璃，四面始耀。旧时羊灯，久无用之者。其船大者曰走舱、小者曰藤绷。又有新式船，曰四不象，小于走舱，而大于藤绷。出奇制胜，人争雇之，此亦厌故喜新之一端也。《白下琐言》

曩闻杜茶村秦淮灯船鼓吹行，妙绝今古，恨未一见。偶索之陈丈菊圃，蒙以澧阳某君所编秦淮诗抄见示，凡四方人士咏秦淮者，其诗具在，不下数百篇，而茶村灯船作弁其首。予既爱杜诗之瑰玮，而又叹诸君子者，徒以舞衣歌扇相流连，而无复有人心风俗之感也。王安修后村诗抄有感作诗序

灯船之制，闻诸父老。道咸以来，多用藤绷，以轻而易举也。当夕阳下时，舟人辄询客抬绷否。若抬绷，则另张油幕，悬羊角灯，参差错落，间以缨络，百炬齐明矣。

按：羊角灯者，昔为金陵特产，用羊角煎熬成液，和以彩色。凝而压薄成片，谓之明瓦。金陵街市，有明瓦廊，皆制此者也。联缀明瓦而成灯，透光明，无火患，且不脆裂，故清代宫中亦用之。前辈灯船赋多称羊灯，盖指此，非指羊脂蜡炬也。

藤绷之制，光绪初犹有之，别有小船曰漆板。《画舫录·新

柳记》中，亦屡见焉。父老相传，有某生，狂士也，无赁灯船力，辄雇一漆板，悬纸灯于上，复题灯联于船唇，曰百个棒槌，打不醒痴人幻梦；一只漆板，也来充浪子风流。盖金陵人，呼纸灯曰棒槌灯笼也。

楼船，俗呼楼子船，盖始于光绪初。相传曾湘乡督金陵时，大难初夷，元气未复。湘乡欲提倡风雅，恢复旧观。一日与幕中名士，命扁舟逍遥河上，慨然曰：秦淮风月如是萧条乎？闻者喻意。翌夕，游人骤增。时水师改编新制，旧日长龙船，皆无用。命悉用廉价售与秦淮舟子，舟人各出新意重装之。船身既长大，于鹢首为门舱，以处仆从。客厅餐室书房，以次罗列。斐几湘帘，位置楚楚。再次为密室，卧榻与浣濯便旋之所，鲜弗备。末为舵楼，可以升高眺远。夕阳既落，晚风徐来。鹣鲽双双，倚阑絮语。望之如在天上矣。船之两旁，各留便道，捧茗进馔，不须阑入舱中，尤为便利。舟人俗呼曰：大边港。

此类大船，只十余艘。以蔡二、沈小五所弄者，布置最精，伺应亦好。传花布席，井井有条，不令游人发怒。但皆不能远行，或终日不一移动，等于活动之水阁而已。故一舟只须老长年一人，长日高卧，余皆伺应者也。

别有所谓小边港者，亦楼船式，但较狭小耳，舱不过两三层，亦无舵楼，故可过桥游行，以备客少，或携宅眷者赁焉。船身灵活，可越利涉、文德而南，或溯复成、大中而北。弄船人较多熟手，间有能治馔者，登舟竹戏，茶点甚精，晚餐虽近家常，无不可口，佐以良酝，竟日清游，所费但银饼十枚而已。

漆板者，旧制甚简陋，后乃渐华美。大致为旧日藤绷改造，前篷后舱。篷式精巧，缭以绢帷，下列藤椅二、茶几一。名流贵客，或厌楼船之喧闹，携所眷出作雅游；或欢宴未阑，眉语心会，相携过船。舟子解事，打浆径渡复成桥北。天水空阔，游迹渐稀，觅朗园、鉴园之高柳下，回船对月，而停泊焉。舟人讬言登岸烹茶，放身高卧，非呼唤不至也。于时凉蟾坠波，露螀啼月，绵绵清话，芗泽微闻。此一叶扁舟，不啻渡河之仙槎，订情之宝筏云。

局船，亦漆板类，但较简朴耳。打桨迎桃，由来久矣。此类船专以接送妓女为任，往来如织。旧日妓家，多有专雇之船。改革后，官为订价，召一妓至，客须先畀以船赀。当筵解囊客畀之，妓受之，各无惭色。

火食船，多用漆板之残破者。旧日游船，晚饮多舣舟酒肆阑外，所谓夜泊秦淮近酒家也。楼船既兴，移动不便，各雇一小舟尾之，庖厨备焉。数尺之舱，水陆咸出其中，谓之火食船，此行庖之最佳者。

摸黑船。人家子弟，潜出狎游，畏为人见，向夕始出，船不悬灯，谓之摸黑。亦有平家妇女，出而观光，见灯船歌宴，蚁附其旁，以娱视听，甚乃揣摩装饰，纵观狎媟。此风俗之最不良者。

佛事船。将近中元，即有所谓佛事船者出，曰斋河孤。或由船户醵赀，或由僧尼聚敛，一船之中，法器喧阗，男妇杂沓。入夜各放河灯，荧荧水面，如渔灯爝火，景致幽悄，而游事亦渐阑珊矣。

舟中设宴，酒肉蒸腾，丝竹竞作，花香人气，四座氤氲，兼以小舟围看，密不通风，已难耐矣。而洋灯高悬，河上青虫一时并集，扑衣啮人，尤可懊恼。近日舟人乃出新法，即以青葱为小束，分悬灯旁，则虫与蝇蚋咸集叶上，不更扰人，此亦新发明也。

凭水，游船之文言也。富厚人家，每夏日，须请专馆业师，曰请先生凭水。其接待新婚之女若婿也，亦如之。恒见一船之中，三五伧楚，袒背聚博。中有一人，深衣道貌，三五顽童，跳踉其侧，则某机房，或钱肆，约先生凭水也。非是以为弗敬。然此三十年前事，今也则亡。

楼船制既恢宏，冬日亦可宴集。快雪初晴，河冰已合。船本傍岸，冰膠益坚。既登，则毡帘毳幙，一室生春。炉火深红，瓶花馥郁。搴帷一望，河冰皑皑，耀眼生缬。披裘登舵楼，北眺钟阜，南望雨花，如入琼瑶世界矣。盖人家水阁，不能有此空阔，正是赏雪佳处。既而群花并至，貂裘既脱，玉臂宛然。襟上茉莉，经暖而香益纵。座中之客，不疑在水乡也。

国都南迁，过江名士多于鲫鱼。省垣居宅，坑谷皆满。尝有赁楼船为寓室者，即在水一方，不必牵舟上岸也。沈小五舟，向泊东关头，即编为河道第几号，隶于水上警察。一舟而容六姓。门舱一家，为炸油环者，终日油烟突突。以次诸家，或饲鸡于窗，或喂豚于榻，终一舱较整洁，盖某署之职员也。然旧日晶窗，皆遮以芦席或板片，而用旧报纸裱糊之，询其何处为炊，曰门舱之炸油环者，可为人备饔飧也。

歌船。凡楼船之居宅者，其较完整者也。其更残败者，或为歌场，泊于夫子庙前。夕阳既落，金鼓召客，大致为剧场不收之伶与飘泊无依之妓。一般市井，趋之若鹜，以价廉也。自贡院一带，歌场林立，其业亦废。

围棋船泊于贡院渡前。金陵旧有围棋局，设于文德桥下之陈公祠，名曰得月分座。后遂闭歇，乃有赁破旧楼船而设局者。

私烟船多在东关等隐僻处。自厉行烟禁，烟馆遂绝。若舟中则不隶警察，而别属于河警。河警会意，即无虑搜捕，故有阿片癖者，咸趋之。破船四壁，密糊以纸，使烟气不外泄。晚间亦不燃灯，如黑暗地狱。

卖唱船。官府禁娼，而不废歌女。零落曲师养一二贫家小女，教之歌。赁破旧小船沿河卖唱，遇有游客，即持扇强嬲不已，掷以小银一角即去。

小卖船。小贩杂致妇女针黹，儿童玩物果饵，于舟中摇铃售卖，物皆不堪。有蜜酒酿，味甚佳，以小钵分盛之。沿河人家，以绳系竹筐上下焉。

第十卷　女闾志

南朝忽焉，泰半女祸。东林召亡，河房衅作。女闾兴国，管唯霸才。君子于是，觇时盛衰。《志女间》卷第十

国初立楼十有六号，所以处官妓也，而《南畿志》只十四，曰南市斗门桥东北、北市乾道桥东北、鸣鹤西关中街北、醉仙西关中街南、轻烟西关南街、澹粉与轻烟楼对、翠柳西关北街、梅妍与翠柳楼对、讴歌、鼓腹在城外，二楼相对、来宾聚宝门外之西、重译聚宝门外之东、集贤瓦屑坝街、乐民集贤楼北。按：李泰，洪武进士，有集句咏十六楼，中有清江、石城二楼。晏振之永乐中金陵春夕诗，又曰花月春江十四楼，则知相沿已久，今独南市楼存。而北市在乾道桥东，似今之猪市，疑刘辰国初事迹所记富乐院，即其地也。《客座赘语》

余犹及闻教坊司中，在万历十年前，房屋盛丽，连街接弄，几无隙地。长桥烟水，清泚湾环，碧杨红药，参差映带，最为歌舞胜地。时南院尚有十余家，西院亦有三四家，倚门待客。其后不十年，南西两院，遂鞠为茂草，旧院屋半行折毁。近闻自葛祠部将回光寺改置后，益非其故矣。歌楼舞馆化为废井荒池，俯仰不过二十余年间耳。淫业衰止，此是维风化者所深幸，然亦可为民间财力虚羸之一验也。同上

按：顾文庄《客座赘语》作于明万历丁巳，此二则上述十四楼地址，下述两院教坊之变迁。秦淮女闾，实导源于

明之教坊与官妓,故列于首。俾读者知其朔焉。若其言可为民间财赢虚之验,尤为能见其大。此觇世君子,所以不废之欤。

明初设教坊司,立富乐院于乾道桥,复移于武定桥等处,至今其地犹呼曰院门口。又有十四楼以处客妓,如南市、北市、轻烟、澹粉之类是也。《白下琐言》

旧院有教坊司题名碑记,嘉靖壬子张鏊书,有左右司乐、排长、色长诸名目。今碑徙于回光寺。张子澜泺有诗,采入《金陵题咏》汇编。同上

明代妓家略如上述。清初以来,不见著录。兹就车秋舲《秦淮画舫录》所述各妓居处,备书于下,以见旧日妓家踪迹:金袖珠贡院前、纪招龄金陵栅、吴喜龄与纪同院、陈喜子东关头、陈桂林姚家巷、缪爱子东关头、李玉香榷署前、陆素月东水关、袁玉龄奇望街、方翠龄东关对岸、陆绮琴丁官营、刘心官东钓鱼巷、张寿龄御河房、程凤翎板桥、李小香泮池旁、杨福龄初居文德桥,后移针巷、侯双龄奇望街、章爱龄洞神宫、朱芸官沉香街、于福珍武定桥、顾爱子手帕巷、喻玉子金陵栅、赵艾龄桃叶渡、冯宝琴油坊巷、张宝龄十八街、万袖春饮虹桥西、厉招龄钓鱼台。据上所载,可证秦淮妓家在乾嘉以前皆自由散处,于近淮各地,非如明代之教坊制,亦不如后来之一院数十人,群居于钓鱼巷者也。海阳许养和豫,作《白门新柳记》,成于同治壬申。此在金陵乱后,可云较近之记载。所记若岫云居璇子巷,安巧龄居牛市,文玉金龄居牛市秦二家,大金凤居察院东,郑二娘居东牌楼,盖犹是散居各地也。

光绪乙亥，邑人张司马曦照，作秦淮花品。似妓家多变为群居制，其所述有烟月双笼馆，有停云榭，其较雅者也。此外，若秦二家、李二家、顾四家、王金子家、刘胖子家、王爱楼家、杨风子家、张五家，至光绪中年，悉已风流云散矣。

光绪中叶以后，秦淮妓家大抵聚处，且皆羼集于淮青桥下之钓鱼巷，至御河房而止。比户可封，有韩印发家、蔡大家、刘琴家、李三家、小狮子家。若四长堂、双桂堂，其后起者也

秦淮妓家，向重土著之宁班与苏班。若扬班，其下乘也。金陵克复后，宁苏皆寥落，而扬州产羼集。于是钓鱼巷中人皆扬音，其呼班主曰本家，班主之女或养女曰小本家，总司务者曰大伙计，教曲者曰乌师，呼客曰姐夫，子弟之潜游者曰私哥子，至于呼小儿曰细虾子，谓调笑曰狎读如牙邪读如霞，大抵皆广陵土语也。

妓家筵席最盛者，曰满汉。有烤猪烤鸭、官燕鱼翅，碟用高装。每客席前，供以鲜花，价不逾五十金。次曰八大八，六大六，价不逾三十金。皆以半为菜价，半为犒金也。次曰三点水，有鸭翅而余馔少减。次曰例菜加帽子，帽子者，鱼翅也。最简曰例菜，自十金至数金而已。

乡试之年，人士云集，妓家酒筵亦忙，厨中火光竟夜不息。壬寅之秋，合肥某公子来应试，诘朝将行，夜逾午矣，呼宴于李三家。以烤鸭久不至，客皆思散，公子坚欲毕其筵，曰闻李三家烤鸭极佳，不可不耑候之。客乃为解嘲曰：此家鸭子，已为贵乡亲拔出火炕，恐不可待矣。众轰然一笑而散。盖李家之妓，有小鸭子者，方为某观察纳之篷室，正公子之姻

家也。

秦淮妓家，犹有明代教坊遗风，微嫌官气重耳。有贵宾于河房定情者，诘朝起，所称大伙计者，必亲捧官燕汤，半跪以献，而求犒焉。此即所谓扶头也，尚有古意。若进门之群起声诺，起行必持灯前导，则纯为官派矣。

壬寅乡举后，陈御三太史设筵于韩家河厅。所谓满汉对台，妓家以为盛会。自主宾方至，即燃爆竹，入座乃止。既列席，龟奴罗叩于庭，缨帽猪靴，阶墀皆满。已而曲中诸妓，不召自至，欢声满堂。主席之妓，接待宾客，分犒仆从，周旋诸姐妹间，从客中节，俨然主妇也。座主范叟春泉，年八十矣，叹曰：吾尝于咸丰间陪吴太史河厅之宴，今兹盛会，殆复承平旧观矣。然计一日之费，不逾二百金。

妓之龄长或负盛名者，恒备天青白狐风毛外套，及大红裙，于除夕及新岁著之。拟于命妇，盖自计一适人为妾，即不能更御此。故于在妓家时窃衣之，虽近于僭，然可见当时等威之严也。

贵游子弟，无行士子，偶不见礼于妓家，恒以名刺送之官厅。所谓官厅者，若府之检校照磨，县之丞簿典史皆是。此类官厅，亦极乐士绅之送妓家，差票一出，馈遗随入。后乃妓家与捕吏，商定年节例规，其丰简以出票多寡为衡。迨官厅裁撤，其权乃悉归警局。

清末省会军队林立，时至妓家滋扰，或携奁具以去，妓家苦之。有名妓女，率于院中虚设一室，而私筑香巢于外，如孙绍筠为小银别辟十九号河厅是也。

宣统纪元，开南洋劝业会于金陵，四方之巨商大贾，云屯雾集，咸欲一领秦淮风月，此殆妓家之回光返照矣。苏沪之妓，逐队而至，然其市井之气，亦不可耐，转觉广陵女郎之犹可与言也。

改革后，以省会国会选举故，妓家之业复少振，然为时匪久，特如昙花一现耳。

禁娼令行，妓业遂废，乃一变而为歌女。旧日沿河妓家，或作民居，或成荒废。泛舟过丁字帘，见有临流水阁，垣柱倾欹者，客曰：此钓鱼台遗址也。盖旧日游客，相为隐语，呼韩家水阁，曰淮阴钓台，最轩广有名。金迷纸醉之场，今成贫薮，且就圮矣。

民初间，有胡蓉卿者来秦淮。多识字，近文雅客。或叹近来秦淮鲜才妓。胡曰："有一人琴棋书画俱通，曷访之。"某客亟往晤，庸劣下驷耳，归咎其妄举。胡笑曰："吾言俱通，谓其互相通耳，彼之琴是奇的叶棋，琴弦七而彼二三，宁不奇。棋是输的叶书，虽遇劣手必输。书是画的，有绣像说部数种，非画欤。画是勤的叶琴，终日乱抹，虽不成画，不可谓非勤也。"闻者赏其善谑。

戊申之春，仇涞翁八十生辰。重游泮水，朋辈欲招饮为贺。仇曰："倘能以旧日花酒之局相饷则必往。"歌女王月英者，秦淮旧世家也，犹居淮干，自云能任之。于其水榭布筵，设馔咸如旧式。既行酒，其祖父王老，近八旬矣，索戴旧缨帽，鞠躬献馔如仪。涞翁呼之曰："汝今高迁矣，何复自劳苦？"对曰："小人十岁袭贱业，七十而废，亦不知彼等以妓为歌女，是何迁次？第念旧业虽贱，犹安本分，今乃歌其名妓其实，殆俗所云挂羊头卖狗肉者乎。”座客闻之，相视而笑。

第十一卷　题咏志

邦人之作，亲切有味。古今境殊，断自近世。青溪水曲，畸隐是遵。撷波幽光，用诗存人。《志题咏》卷第十一

老鹳亭即长乐渡旁铁老鹳庙

纪映钟伯紫

老鹳亭南渡小舟，蹇驴三五载沉浮。
晴春碧水明如玉，只与行人照白头。

张幼仁园居在东园

前人

结构幽居似辋川，鹫峰靡苑一溪连。
天涯白首归张翰，海内丹山老郑虔。
高阁三层悬暮雪，荒畦十亩刈寒烟。
城阴宅近堪来往，古路钟声不计年。

张丽华祠

丁峻飞江浦

朱雀门前战鼓挝，催残玉树后庭花。
高公枉自持师律，不斩蛮奴斩丽华。

青溪谷答周栎园

吴宏远度　江宁

近市无半里，深居如野村。
岸花环路曲，溪水隔篱喧。
尘事不到梦，午炊犹闭门。
开心随处寄，听说武林源。

青溪草堂和吴远度

杨亭元草　江宁

除却君知我，谁来问索居？
一湾流水处，三径落花余。
不作炊粱梦，曾无乞米书。
雄文今拟易，惟恐似相如。

青溪草堂

樊圻会公　江宁

一曲青溪卜筑宜，柴扉临水影参差。
云深萧寺穿芒屩，雨涨长桥理钓丝。
诗境老寻斜日里，睡乡春去落花时。
可怜江令繁华歇，剩有荒园发兔葵。

秦淮闻笛

李茂英君玉　上元

依旧清歌满画楼，只教欢醉莫言愁。

周郎云散桓伊老，明月秦淮自掉舟。

秦淮古迹诗

周在浚雪客 上元栎园子

风流南曲已烟销，剩得西风长板桥。

却忆玉人桥上坐，月明相对教吹箫。

志公留后旧袈裟，紫凤天吴莫浪夸。

五里松声天籁绝，却从天上听琵琶。

灵谷寺有宝志公袈裟，寺前五里松，今濯然矣，琵琶街有声。

烧尾檀槽曲已终，念家山破泣吴侬。

春风一半吹桃李，肠断红罗亭子中。

南唐于宫中作红罗亭，亭外种梅。潘佑词云：桃李不须夸烂熳，已输了春风一半。烧尾、檀槽、周后琵琶名，制曲有念家山破。

春草王孙没见期，夕阳犹挂柳丝丝。

世恩楼上风流事，独有春来蛱蝶知。

（东花园有世恩楼，徐髯仙篆匾，今废）

顿老琵琶奉武皇，流传南内北音亡。

如何近日人情异，悦耳吴音学太仓。

南院顿老琵琶是威武南巡时所造汉曲，今太仓弦索胜而北音亡矣。

桃根桃叶画楼多，秋水秋山唤奈何。

几曲小阑明月底，有人曾此别横波。

桃叶渡头丁老河亭，钱虞山、龚芝麓常主其家。

晚秋顾笔堆招同吴香为余澹心、周雪客、姚彦昭、陆宇载、家梦鹤饮自耕园和韵

王辂苍霞 句容

芙蓉如岸水为天，融宅如何似画船。
小阁平摇千树月，危桥斜罩一溪烟。
远钟声向花边送，斗柄光从镜里悬。
莫问浮沉身外事，萍踪只合醉尊前。

秦淮竹枝词

艾徵郑公 上元

长板桥空水自流，依依垂柳拂人头。
总持北去青莲死，零落当年旧酒楼。

桃叶渡

余宾硕鸿客 江宁澹心子

朱楼画阁拥晴沙，锦缆牙樯照水涯。
市上吹箫愁楚客，岸头沽酒就吴娃。
胡床坐定风初起，团扇歌成月又斜。
试问近来桃叶渡，可能桃叶胜桃花。

青溪

前人

人家十里禁城阴，日日青溪动晚砧。
九曲烟波春寂寂，七桥楼阁夜沉沉。
王融作赋莺花老，伏挺传经岁月深。
多少园林零落尽，小姑祠畔客沾襟。

秦淮

前人

南国繁华古擅场，长淮流水接横塘。
千家帘幙烟花重，五月笙歌罗绮香。
地脉岂能兴汉祖，天心原自厌秦皇。
遥知人事全无定，日暮扁舟对夕阳。

长桥

前人

歌台零落掩斜阳，历乱春风燕子忙。
我欲长吟惜芳草，谁知结恨重垂杨。
彩云收尽闲啼鸟，银烛烧残罢晚妆。
惟有长桥桥下水，年年犹自泛鸳鸯。

长干竹枝词

罗光忻庚翁　上元

北山秋静野云黄，不见当时旧草堂。

怪得后湖荷叶满，更无人取作衣裳。

过青溪

王时中苍平　上元

江令门前碧草齐，小姑祠畔夕阳低。
而今一曲都难认，不见长桥见短堤。

秦淮泛舟

王粤汉东　上元

一派秦淮水，潮生好泛舟。
新亭客不见，旧渡月含愁。
子弟乌衣巷，诗才白鹭洲。
帘栊窥画舫，灯火慢更筹。
青幌千家酒，花墙十锦楼。
倚阑吹玉笛，古意更悠悠。

桃叶歌

刘岩大山　江浦

桃叶复桃根，憔悴新林浦。
艇子过江来，迎接韩擒虎。
试问渡头人，何如井中苦？
胭脂色未销，尚学桃花吐。
寄语蔡容华，杨花乱无主。

江总持宅在青溪

前人

结绮化烟埃，临青埋棘刺。
何处问江家，犹说溪边地。
当时宴后庭，琼树何瑰丽。
狎客诗新鲜，神仙袂容裔。
咄咄黄斑来，惊呼奈何帝。
溪上柳花飞，溪中流水逝。
青溪无古今，朝市多变异。
昔年仆射居，今为段侯第。
飘泊葬江都，又下雷塘涕。

陆平原宅在秦淮

前人

中涂兰早催，幽壑桂无恙。
何况道家言，最忌三世将。
秦淮有旧宅，当年曾读书。
长歌拔剑起，慷慨怀英图。
才大识何小，委身向成都。
黑幰梦萦绕，白袷神安舒。
哀哉腐竖子，毕竟倾貉奴。
可怜千里莼，胜似华亭鹤。
步兵却归吴，平原空入洛。
绵邈思故居，东城今寂寞。

邀笛步

前人

磊落桓野王，妙解音乐趣。
放旷主客间，慷慨君臣际。
玩世似不恭，讽谏有奇气。
吹笛与弹筝，俱见千古意。
人本第一流，声音乃其次。

白门杨柳

徐兆兰 溧水

翠幕红楼三月时，长条如线复如丝。
轻阴暗度黄金缕，细浪光摇碧玉卮。
桃叶渡头初带雨，虹桥院里复临池。
独怜攀折年年事，多少行人在路岐。

白门秋柳

周天成织旬 上元

东冶亭边折半空，眉疏一点扫难工。
影摇碧水蟾痕里，梦断青山雁语中。

秦淮对月

伍鹤祥皋闻 上元

渡头新涨净如油，夜半清晖点碧流。
双桨露沾桃叶夕，六桥烟湿镜花秋。

影迷玉槛帘初下，光溢冰轮浪乍浮。
有客扣舷歌水调，寒烟缥缈古南楼。

秦淮晓景

路克佳小倩 江宁

画舫倦夜归，波声停渡口。
十二翠楼前，残星坠杨柳。

长干竹枝

应大用智回 江宁

聚宝山堆玛瑙纹，雨华香气结氤氲。
一枝绀碧何从拾，正学先生十族坟。

长干竹枝

赵启宏尔扬 溧水

大长干接小长干，却被城垣隔瓦官。
近日江流西去远，鹭飞何处认沙滩。

青溪小姑祠

周行契夫 上元

乐府神弦曲送迎，蒋侯山色对分明。
垂杨萧瑟鸦飞散，惟有寒潮日夜生。

过节霞阁感旧阁为邹满字故居

田林志山 江宁

旧京人物画名家，有阁曾闻唤节霞。
客到尽为仙侣辈，酒酣便写乱真花。
沧桑砚失端溪久，烟雨门留白板斜。
今日与君谈往事，风流堪忆亦堪嗟。

东园秋夜

顾国泰秋亭 上元

迢递东园路，闲行晚霁中。
箫传松径月，人语竹楼风。
灵气侵衣袂，秋声出树丛。
欲询沽酒处，渔火隔溪东。

青溪闲居

前人

青溪通小筑，烟水到柴门。
遂此闲居乐，方知隐者尊。
偶登墟上阁，遥望树边村。
自得清幽趣，孤怀孰与论。

秦淮即事

王我来孙毂 上元

临流盘礴日西倾，潇洒能教暑气清。

帘影云遮看雨过，柳阴波动觉风生。
河亭近接宫墙路，画舫遥传丝竹声。
在望钟山斜照里，远看金紫逾分明。

桃叶渡

刘国鉴清如 上元

风流人地久知名，桃叶停舟动客情。
掠水但余新燕影，渡江不听旧歌声。
云晴钟阜双峰峻，雨足秦淮两岸平。
销尽六朝金粉梦，绿尊开向月波明。

白门柳枝

朱廷清子元 上元

小立青溪旧板桥，浓春烟景倍魂消。
剧怜几树流莺唱，专替司勋破寂寥。

白门柳枝

陈宗渭熊占 上元

春到江南莫怨迟，秣陵春色总宜诗。
柳条为底如人瘦，不比人间有别离。

自题读书处

程之铨邃庵 上元

卜筑幽居静，青溪水一涯。

庭空留贮月，篱曲好编花。
邻叟新茑酒，山僧昨饷茶。
共添诗味永，那记鬓生华。

秦淮

王以式翼周 上元

东风吹柳绿丝丝，装点红桥映酒旗。
细雨轻帘烟半掩，隔花深处听箫时。

赠刘莪厓绥人昆季

王文成姚江 上元

一曲青溪剩碧流，东园丝竹映清幽。
读书台峙人千古，今日机云属二刘。

秦淮即事

张行言躬先 江浦

大江东下秦淮流，六朝靡曼争芳洲。
冶游盛概渺无极，对此茫茫长白头。
忆昔秦皇怒虓虎，鞭丁十万江之浒。
凿此长淮贯石头，横睨神州跨今古。
谁知海市客无归，雄心烈焰同灰飞。
空留几曲秦淮水，供得招游轻薄子。
东山携妓曲初翻，桃叶津头箫鼓喧。
偏安窃据成何事，江左风流奚足言。

风流江左夸豪贵，桂楫兰桡浮彩翠。
可怜日暮下牛羊，诸公徒洒新亭泪。
繁华绮丽谁艳谈，但闻庾信哀江南。
钟山紫气几销歇，长松古桧烟雨寒。
我来游此清淮东，霸图王气萧然空。
蔓草荒凉围晋苑，野花纠缦纷吴宫。
但酹斗酒拜先烈，千秋万载黄侍中。

秦淮曲

涂逢豫长卿　上元

灯船歌吹酒船迟，腰鼓声间唱柘枝。
石上暗潮呜咽语，无人解拜侍中祠。

秦淮竹枝

钱麟仁趾　上元

山光倒影水波清，船向青溪渡口行。
玉笛罢吹人午睡，板桥西去卖花声。

秦淮竹枝词十首之二

钱露兰谷　江宁

古渡相传覆柳阴，淮流西下水无心。
六朝多少销沉事，桃叶桃根说到今。
曲曲青溪十里烟，管弦呕哑自依然。
夜深尽醉不归去，灯满河亭月满船。

秦淮泛舟

朱永年鹤亭 六合

十二年前旧步兵，羽觞飞又近江城。
帘拖绮阁云无影，桨打春潮月有声。
胜事浪传挥扇渡，艳歌空唱踏莎行。
翻思吊古清淮日，灯火桥西一棹横。

秦淮

范敦仁静斋 江宁

秦淮流水漾西东，一叶扁舟趁晚风。
凤蜡影摇花舫集，鸾箫声袅画桥中。
云拖柳絮千条绿，月碎波心万点红。
莫问临春三阁事，且来沽酒泮渔翁。

忆秦淮

顾绶汝仙贻 江宁

江乡五月水平隄，槿树花开日影低。
苦忆秦淮好风景，月明低唱板桥西。
柳外阑干花外箫，风樯酒舫日招邀。
黄昏一阵潇潇雨，记泊青溪第几桥。

秦淮竹枝词

李大绅佩书 上元

一带官河长绿芜，红窗掩映上流苏。

不堪清夜啼乌急，悔种临河柳数株。
旧院春残拾断钗，寻芳人过踏青鞋。
一湾呜咽东流水，流出斜阳十八街。
自把名山属蒋公，繁华六代说吴侬。
酒旗歌板今消歇，风味徒传卖菜佣。

石头城泛舟

金向义质夫 上元

春雨涨淮流，经帆过石头。
潮痕上古寺，山色入扁舟。
近野桥通市，离城树隐楼。
客愁全未洗，移兴在沧州。

青溪赁宅

张基近溪 江宁

住处即吾庐，黔娄本晏如。
何曾春可赁，但有笔堪锄。
药酿留宾酒，香熏课子书。
况逢佳丽地，风月共欢娱。

秦淮

以钧维士 上元

新绿桐阴上绮寮，生寒数阵雨潇潇。
帘前陡长潮三尺，添得愁声怨六朝。

秦淮泛舟

凌煜芝泉 江宁

新月如银柳外斜，追凉小艇足瓜茶。
模糊灯影分明笛，目断红窗六扇纱。
花气浓重醉不胜，新愁旧梦思腾腾。
侵人风露宜八月，凉透罗衣第一层。

秦淮泛舟

萧研榆门 江宁

枣花帘影轻烟中，楝子风里波摇空。
落絮低迷衣带水，飞花摇曳酒旗风。
箫声袅袅不知处，曲阑一带垂杨树。
莫愁催送石头城，打桨迎来桃叶渡。
卖饧天气鸟声闲，静练新铺绿一湾。
别渚乍晴三月雨，推篷无限六朝山。
六朝山色千余载，夕翠朝岚曾不改。
休文别墅桂应彫，江令遗居柳安在。
长板桥头上纸鸢，紫黎花落几经年。
春风竞挽红罥索，游客争分白打钱。
衣香人影清溪涨，药阑花市茶烟飏。
先贤祠宇绿萝闲，维舟采杜增惆怅。

秦淮

董袖南小狂 上元

画舫凌波荡远思，夜阑吟啸总相宜。
凉生水阁潮来早，月满鱼汀客到迟。
金粉香残歌玉树，银河影瘦忆琼枝。
多愁宋玉空词赋，未入深秋鬓已丝。

秦淮竹枝

杨若霭伯雍

东晋风流桃叶渡，暮潮遥接西州路。
不闻送楫女儿歌，夕阳一带烟中树。
桓伊弄笛水东流，依约笛声水上头。
最怜暮雨江东路，渔唱一声吴苑秋。

秦淮杂咏

张廼耆寿民 上元

秦淮新涨碧于苔，对走房廊两岸开。
输与撇波双紫燕，有花庭院总飞来。
江令归来尚黑头，溪边故宅至今留。
无情最是钟山色，依旧青青满破楼。
梅村祭酒最多情，才色惟夸卞玉京。
今日我来思往事，枣花帘里睡闻莺。
丝丝垂帘复垂杨，曲槛红栏一字墙。
睡醒透帘风细细，半疑花气半衣香。

板桥

赵世桂枝一 上元

尽知往事惟明月，不忍重来是暮潮。
独立西风愁似海，数声清磬出僧寮。

秦淮

秦朝选信缘 上元

夕阳芳草小桥东，碧皱鳞鳞向晚风。
遥指水精帘卷处，画楼面面总玲珑。
淮流曲曲漾新波，燕子衔泥几度过。
二十四航春水涨，不知何处绿杨多。

秦淮曲

徐煜沧浔 上元

误傍秦淮住，郎舟去不转。
潮来秦淮深，潮去秦淮浅。

秦淮

朱实发饭石 六合

盈盈一水脂粉香，帘栊荡上明月光。
金虫灯小红不定，玉笛声落波中央。
红板桥南去沽酒，东风吹绿门前柳。
一笑借问当\u5786人，桃叶桃根今在否。

青溪泛舟

张泺子澜 上元

谁与龟鱼访七桥，芦根瑟瑟莽萧萧。
夜来几片红桥板，漫过青溪一尺潮。
巷失青杨又白杨，南朝鼎族半消亡。
纵非江令归来此，重抚阑干也断肠。
檀痕浅抹碧磋磋，溪上红窗俯绿波。
一自小姑居处后，卷帘眉比远山多。
楼台金粉阒荒汀，傍母凫雏睡未醒。
绝似南唐铺殿画，一拖红蓼立蜻蜓。
乌榜秋风落照残，苔文药院罢笙鸾。
如何一例诗人宅，都与松杉扑面寒。
栅畔荒祠旧迹非，乌啼月落冷萤飞。
齐梁宫殿知多少，艳魄如烟缓缓归。
雾阁时时妥翠鬟，瑟琶弦上小怜湾。
不知谁弄桓伊笛，吹醒南朝一桁山。

回光寺观明教坊司题名碑

前人

乐官山下葬诸伶，却忆当年晋海青。
七百余人同廪食，幸生开国免飘零。

陆钱病逸漫记，光禄教坊司皆礼部支粮，教坊支粮者七百余人。

苔卧花宫没断趺，数行题识未模糊。

若从十等衡人例，曾有衣冠一辈无。

南部烟花茂草荒，东园残石冷斜阳。

摩沙记得前朝寺，十八街头赛药王。

杂流当日好荣身，也许委蛇忝俸缗。

假使令钦重作记，固应标弄到斯人。

《大元圣政国朝典章》教坊列在杂流，文资第一、武资第二、内侍三、教坊四。

牛马衿裙一例看，红笺书字赖勾阑。

小朝廷上春灯衍，枢辅登场只郓官。

长入何人最有名，婵嫣甲乙当铨衡。

非关颜色能倾国，隶籍原无马玉英。

马士英画，在当时有名，后人恶之，改作玉英。

龙藏浦

朱嵩寿晓峰 上元

秦皇怒凿龙藏浦，鞭策神功没风雨。

清淮终古流汤汤，山河转瞬悲咸阳。

龙脉未断祖龙死，芒砀山前云气起。

沛人乃是真天子。

运渎嘉庆二年重浚

周宝偀月溪 上元

南朝运渎旧通江，千载重流便客航。

晓月女儿歌荡桨，芙蓉争采向横塘。

邹满字宅在东花园

前人

信步乘清兴，东园纵夜游。
芦争迎渚月，灯闪隔溪流。
鱼鸟南朝梦，烟花旧苑愁。
欲寻邹子宅，应在水西头。

长干曲

汪汝式子经 江宁

大长干接小长干，大小长干路几盘。
直到听经坡上坐，秋江帆影树头看。
人家碎瓦砌琉璃，桥影当门竹作篱。
偏是笋时虾菜上，卖花声里卖螺蛳。
白沙翠竹隐山楼，涧水盈盈绕寺流。
九十日春八十雨，晚潮经过大航头。

秦淮竹枝词

夏树雨人 江宁

天教此水占风流，脂粉香销六代愁。
旧院荒凉珠市歇，游人空艳十三楼。
东关曲处柳条条，赤日行天暑正骄。
饭罢游人争打桨，招凉齐泊大中桥。
廿四桥头又夕阳，画桡小泊竞飞觞。
卖花声向桥边过，时有风来送晚香。

红灯一路灿楼台，火树无边倾刻开。
十二湘帘刚半卷，月中箫鼓几船回。

秦淮

吴绍堂紫裁　上元

板桥花柳散寒烟，人影衣香总可怜。
不是东京孟元老，何人还续梦华篇。

访小姑祠遗址

张儒球仲铭　江宁

几株杨柳碧垂丝，锁断青溪一曲池。
底事杜鹃声叫彻，春风不度女郎祠。

东园

前人

蓬蒿辟径到东关，酒地花天总一般。
天许黛眉描不尽，家家门对蒋家山。

癸未夏秦淮水溢

张保谦佑之　上元

家有东楼举室登，满城土屋半分崩。
比邻炊断青精米，踏水声喧赤脚僧。
晚渡市廛争画舫，夕阳门巷乱鱼罾。
不知郑侠图谁绘，料得秋风赋免征。

秦淮竹枝

金森子乔 上元

春晚秦淮起暮潮，珠帘卷上水迢迢。
银筝玉笛无愁曲，杯酒何人话六朝。
龙光寺里问红梅，几树临风烂熳开？
水阁沉沉山寂寂，无人知觅孝侯台。
小姑祠畔晚烟横，谁鼓云和玉女筝。
楼上灯光楼下水，三更银甲最分明。
东城风景足勾留，檀板清尊十二楼。
底事啼鸟啼不住，萧萧杨柳白门秋。

白门春柳

涂煊宣之 上元

纤纤瘦影绕前江，弱态迎风舞不停。
一缕情丝春绾住，六朝陈梦乌呼醒。
腰支全展新亭绿，眉样仍含旧院青。
九曲溪流修禊罢，咏归轻泛钓鱼舲。

秦淮竹枝

倪德新茗香 上元

纳凉好趁水云窝，双桨如飞几度过。
玉石阑干桥十二，不知何处绿阴多。
琉璃傍晚紫云烧，火树银花水影摇。
一个小轩灯百盏，教人错认是元宵。

藕花开遍又菱花，乞丐纷来仙子家。
瓜比水精梨比玉，一湾新月照窗纱。
朝朝杨柳系兰舟，夜夜笙箫满画楼。
多少黄金销不尽，只知歌舞不知愁。

秦淮杂诗

纪映淮

栖鸦流水点秋光，爱此萧疏树几行。
不与行人绾离别，赋成谢女雪飞香。

金陵杂咏

朱柔则

青溪几曲泻回湍，孔雀庵边竹万竿。
谁问龙标存故里，风流争说马湘兰。

流寓诸家

秦　淮

方拱乾坦庵，桐城籍，家金陵

秦淮松菊岂吾庐，萍梗聊称乱后居。
偶种短松长伴鹤，遂开平槛坐观鱼。
门颓应少新来客，箧敝还存旧著书。
头白渊明令塞外，好从魂梦赋归欤。

按：坦庵居金陵东园石桥，地名五块砖。

青溪

程正揆别号青溪道人，湖北孝感籍，居金陵

筑室青溪上，因成隐者名。
非嫌仕路窄，为爱此溪清。
几案横今古，朝昏任雨晴。
沙隄杨柳外，时有踏歌声。

酌龚半千

周亮工栎园，嘉兴籍，居金陵

我傍秦淮住，君家亦石城。
难归看客怨，渐老论诗平。
小录烟云满，深卮雨雪并。
乾坤双醉眼，独对故人明。

青溪

宋之绳紫雪，溧阳籍，居江宁

人家古墙下，高树尚依门。
各得水边路，都如野外村。
瀹丝连岁月，种菜课儿孙。
居此自幽敻，桃源未足论。

泛月虹桥寄冒立民

方元成初名孝，拱乾子

斜日风林尚翠微，回舟庭月已光辉。

佳时转惜题襟邈，清醨都忘画省违。
湖海交游多健笔，风尘兄弟各征衣。
酒酣忽起看牛斗，瓜果今谁侍母闱。

长干曲

熊赐履敬修，孝感籍，居金陵

一样长干水，东西两处流。
石城多少泪，那得到荆州。
朝弄广陵潮，暮宿广陵沚。
郎住在长干，伤心隔扬子。

半塘遇吴浚公

程邃穆倩，新安籍，江宁人

潭曲寒花路，船牵荒草洲。
相逢百战后，昔别大江秋。
城郭千年鹤，渔竿下泽裘。
西风眷摇落，歌啸日来游。

秦淮竹枝词

王概安节，秀水籍，居金陵

莫将禾黍怨西风，无限凄凉夕照中。
最是羁人听不得，一声觱篥一声钟。

秦淮即事

田权，合肥人，居金陵

云端斜月隐初三，一片春波十里酣。
丝竹声中停画舫，蒋山相对袅晴岚。
绛纱帷幕画船轻，打桨游人多处行。
转过小桥桃叶渡，满街都是卖花声。
新月沉沉水气升，归舟鳞次一层层。
繁星灼烁秋云里，又点长干塔上灯。
一片寒烟水面秋，轻桡伊轧过中流。
龙头笛子迎神曲，落日青溪赛蒋侯。

青溪即事

李葂啸村，怀宁人，家金陵

粉墙红扫落花痕，一带楼台树影昏。
细雨斜风帘未卷，纵无人在也销魂。

白下桥踏月同粹安、古渔

徐文治寿人，大兴人，居江宁

霜天白下桥，即此共逍遥。
一雁叫孤月，三人话六朝。
残堤空吊柳，寒夜不闻潮。
欲觅朝阳宅，清光但寂寥。
市城喧已寂，落木声萧萧。
风送叶辞树，月随人上桥。

行歌如白昼，欣赏此清宵。
谯鼓休催去，还家路不遥。

秦淮秋夜

汪廷榜，黟县人，居金陵

桂桨荡兰舟，珠帘挂玉钩。
飞来一片月，散作万家秋。
风定鸦争树，花明人倚楼。
谁家吹玉笛，清韵入江流。

青溪卜宅

孙星衍伯渊，阳湖籍，居金陵

古松五株何代移？后映钟阜前青溪。
迤东传是江总宅，吴王苑近烟波迷。
卅年作宦徒立壁，垂橐仍为白门客。
石骨叠作云山根，清池观鱼竹笼鹤。
风月满院看常新，主人再归甘蝼伏。
卖文得钱还润屋，佳宾时至与悬榻。
俗客若来从看竹，碧玉水生新涨痕。
黄金花放阳春喧，校书更上三层阁。载酒仍过五亩园。

秦淮杂诗

朱骏声丰芑，元和人，居金陵

清流如线碧迢迢，划破钟山山下樵。

二十四航关不住，秦淮依旧两回潮。

英风飒飒卷灵旗，血影斑斓有石遗黄夫人祠。
曲曲青溪三十六，不知何处小姑祠。

第十二卷　余闻志

兰成北留，钟仪南望。盈盈一水，怀之心荡。录别既竟，惜此珍闻。泚其余沈，贡我邦人。《志余闻》第十二

南唐保大中，浚秦淮，得石，按其刻，有大"宋乾德四年凡"六字，他字磨灭不可识。令诸儒考验，乃辅公祏反江东时年号。太祖受命改元乾德，江左始衰，岂非符谶先著也。《六朝事迹编类》

贡计馆，在舟子洲上，郡贡上计，及四方人预计偕者，憩此馆。《舆地纪胜引宫苑记》

宋代仓库之近接淮水者，若公使酒库，在天津桥侧。马光祖建，唐烁记。回易库，在斗门桥西。见钱库，在饮虹桥下，保宁坊西。凤台酒库，在天津桥西。北酒库，在太平桥西。大军仓，在下水门内，北接广济仓。广济西仓，在大军仓后，崇道桥南。并见《建康志》。

唐之临江驿，旧说因临江旧县以名也，即故江宁县。岑参诗："古戍依重险，高楼见五凉。山根盘驿道，河水浸城墙。"即此。"五凉"二字不可解。《吕志》

永宁驿旧基，在南唐仪仗院后，为待漏院。而驿徙总领所西，闪驾桥之南。绍兴十五年，晁谦之记。《吕志》

宋马光祖立通江馆，以待四方宾客，在赏心亭东，即月亭旧基。后为回易库，又创横江馆，在水西门内赏心亭侧。《建康

志》

小西湖，宋属青溪，明属市隐园，《吕志》属快园。《待征录》

渡船口，古禅灵渡。县志

江东书院，在永安坊。郡人王通德创。南临秦淮。《金陵新志》

回龙桥，《建康志》在城西门，今下庙前西大街。有平桥，下洞甚巨，南通运渎，至铁窗棂者，即此桥也。《客座赘语》

饮酒亭，钓鱼巷内，旧有木匠坊。饮酒亭，洪武中立。《南察院志》

逍遥桥，明太祖造逍遥楼，见人好博弈者、养禽鸟者、游手耗食者，拘置楼中，使之逍遥，尽皆饿死。楼在淮青桥南，东北临河。《金陵琐事》

万历丁未冬，秦淮河儒学贡院前，冰成花卉，其枝叶朵瓣，无一不具。时以为创见之异。《客座赘语》

万历戊戌，改造文德石桥。掘桥洞下土，得旧琐子甲二领。今丙辰，大司空丁公浚秦淮河于处又得琐子甲一领，铜钟一口。意是当年战争时坠水中者，然他处俱无所得，独此桥下数见之。不知何也？同上

吴朗生文学云：玉带水必四面围绕，今江宁城中，正合此格。秦淮由东关入城，出西水关为正河。其由斗门桥至笪桥为运渎。由笪桥至淮青桥为青溪。皆与秦淮合，四面潆洄，形如玉带。故周围数十里间，闾阁万千，商贾云集，最为繁盛。常筹疏浚，官民实两有利益。《白下琐言》

道光甲申，疏浚支河。于鼎新桥下，掘地四尺，得铜刀，长三尺，上有七星文，下口铸龙首形，无疑识，不知何代物。伍

孚尹光瑜，适董其役，得之，归作长歌以纪，刀犹藏其家。同上

史痴翁有爱姬何玉仙，号白云道人。聪慧工篆书及小画，求绝手琵琶张禄，授以曲。痴翁为作诗曰：白云仙子本良家，痴老生平爱琵琶。今望仙桥侧，卧痴楼在焉。有人表曰史痴翁故里，更谓望仙桥，以痴翁望玉仙得名。《白下余谈》

颜鲁公为升州刺史，表乞御书放生池碑额。表云：始于江州兴道，讫于升州江宁秦淮太平桥，凡八十一所。按：太平桥，即今跨运渎之笪桥，宋名钦化。景定间，马光祖重建，更名太平，盖复唐旧称。则放生池旧址，当在今淮青桥至笪桥一带。县志並注

癸未八月二十七日戌时，城中钞库街回禄，文德桥上观者如堵，桥阑挤倒，溺死三十余人，受伤者无算。中有某氏子，先一夕闻有呼其名而叩门者，启视无人，次日遂罹此难。《白下琐言》

明驸马都尉梅殷守淮，燕王招之不屈，及即位。谓曰："驸马劳苦。"对曰："劳而无功。"有愤色。成祖阴使都督谭深指挥赵爔，拉杀之于竹桥。今竹桥一水，通明故宫，即青溪之一曲也。旁一小桥，名挺尸桥，相传为殷被害处。同上

凡造桥梁将合口，石匠必叫生魂魇镇，犯者立死。嘉庆己卯，造淮青桥，工将竣，桥上合口处一石斜支以木。一日清晨，有担粪者过触之，石落，人惊，归家而卒，盖魂为摄矣。据又闻乾隆间，修造九龙桥，告成有日矣。石匠觅生魂不得，大窘。邑侯吴元潜诣验，设公座于桥尾，甫坐。一匠跪而言曰："吉时已到，请太爷合龙。"吴辄投笔谓之曰："汝先投生罢。"

石匠应声起，而龙已合。数日，匠竟暴卒。同上

按：此类里俗流传，近于无稽，可以不录，以为先辈所述，故附载之。

城中多土堆，在骁骑营者，则嘉庆甲子，挑秦淮所出渣土也。张府园、武学园、七家湾等处，皆嘉庆丁丑浚运渎积而成者也。至道光戊申己酉间，忽有人将骁骑营土堆挑去其半，建善司庙于其地。香火极盛，士女祈祷，举国若狂。同上

旧志于高桥门下，注云：庾信哀江南赋序云，高桥羁旅，即此。殊近附会。按：庾序下亭漂泊，是用后汉书独行传，孔嵩宿下亭，盗窃其马事，高亭羁旅，正用梁鸿依皋伯通庑下事为对。周书：高本作皋也，必指为金陵之高桥，殊无可征。

清代修浚秦淮之役，见之记载者，则嘉庆甲子、丁丑，道光甲申，光绪末年。然愈久愈不可治，盖民居愈密，河道愈湮，一经建议，众诟纷起，沧海桑田，殆在指顾间耳。

光绪之末，官厅锐意浚淮，工未半，而河房多倒坍，众论哗然而止。挑浚时，得青玉简，上刻云雷篆文，不可读识。今藏博物馆。按：宋政和间，信道士言，有所祈祷，辄书玉简之四方名山大渎，此简殆宋物也。

旧志谓南朝自晋及陈，阻淮为固，西连石头，东接青溪，浮航往来，总二十四所。一旦有警，辄断舟栅流，号称险隘。隋平江南，诸航始废云云。此在后世观之，但堪一笑。然在当日形势，固尔尔也。隋文以雄猜之主，惧反侧者，据以为固。故悉取金陵形胜而隳夷之，此为一大变更。然阿麋南游不反，假令六朝之险尚在，讵不能据淮为固，如东晋之偏安，然则猜

忌之报，近在其子，此亦揽古者所为浩叹也。祖龙凿秦淮之渎，而不知王气近在芒砀。晋六茹废秦淮之险，而令其子局蹐广陵，天心欤，地利欤，殆未可以人谋主持矣，噫。

记载秦淮事迹之书，无虑数十种，惟金浚之《秦淮水利考》、刘湘煃之《城内沟渠考》，专记水道，为有益桑梓之作。金作见旧县志，刘作附两县合志，足资考证。陈伯雨先生之《东城志略》《运渎小志》，兼及道里人文，可资文献。至若余澹心之《板桥杂记》，别有怀抱，但以寄兴亡之感，于秦淮无与也。此外若《续板桥杂记》《天水余话》《石城咏花录》《秦淮花略》《青溪笑》《青溪赘笔》诸作，其书大半不传(见车秋舲《秦淮画舫录》)，以时计之，当在康乾之际。《秦淮画舫录》作于嘉庆二十三年，犹为咸丰癸丑乱前之书，《白门新柳记》作于同治壬申。复有所谓《秦淮花品》《秦淮征艳》《八仙小谱》诸书，则皆乱后之作，大抵记述冶游，或第表章丽句，宜其不尽传也。

陈古渔《金陵闻见录》，谓饮虹桥西九儿巷，有明魏国公退朝时更衣别墅。花石位置极精巧。按：魏国废址，后归周青原，复以数姓，余南归卜居，爱其山石奇古，又以近临淮水，路接饮虹，鲑菜之市，集于门外。朝夕易得所求，购而结枝巢焉。归计蹉跎，崦嵫已迫，昔人望长安而西笑，余乃述秦淮而南睇。掷笔三叹，为此志云。

《南京稀见文献丛刊》

已出书目

1. 《南唐书》（两种） （宋）马令 （宋）陆游

2. 《六朝事迹编类·六朝通鉴博议》 （宋）张敦颐 （宋）李焘

3–6. 《景定建康志》 （宋）周应合

7. 《金陵百咏·金陵杂兴·金陵杂咏·金陵百咏（外一种）》 （宋）曾极 （宋）苏泂 （清）王友亮 （清）汤濂

8. 《洪武京城图志·金陵古今图考》 （明）礼部 （明）陈沂

9. 《南京·南京》 （明）解缙 （民国）李邵青

10–12. 《金陵梵刹志》 （明）葛寅亮

13. 《金陵玄观志》 （明）葛寅亮

14. 《金陵琐事·续金陵琐事·二续金陵琐事》 （明）周晖

15. 《客座赘语》 （明）顾起元

16. 《后湖志》 （明）赵官等

17. 《金陵世纪·金陵选胜·金陵览古》 （明）孙应岳 （清）余宾硕

18. 《献花岩志·牛首山志·栖霞小志·覆舟山小志》

(明)陈沂 (明)盛时泰 (民国)汪訚

19. 《留都见闻录·金陵待征录》 (明)吴应箕 (清)金鳌

20. 《板桥杂记·续板桥杂记·板桥杂记补》

(明末清初)余怀 (清)珠泉居士 (清末民初)金嗣芬

21. 《建康古今记》 (清)顾炎武

22. 《摄山志》 (清)陈毅

23. 《白下琐言》 (清)甘熙

24. 《盋山志》 (清)顾云

25. 《秣陵集》 (清)陈文述

26. 《钟山书院志》 (清)汤椿年

27. 《秦淮广纪》 (清)缪荃孙

28. 《随园食单·白门食谱·冶城蔬谱·续冶城蔬谱》

(清)袁枚 (民国)张通之 (清末民初)龚乃保 (民国)王孝煃

29. 《承恩寺缘起碑板录·律门祖庭汇志·扫叶楼集·金陵乌龙谭放生池古迹考》

(清)释鹰巢 (清末民初)释辅仁 (民国)潘宗鼎 (民国)检斋居士

30. 《骆博凯家书》 〔德〕骆博凯

31. 《金陵杂志·金陵杂志续集》 (清末民初)徐寿卿

32–33. 《金陵琐志九种》 (清末民初)陈作霖 (民国)陈诒绂

《运渎桥道小志》 (清末民初)陈作霖

《凤麓小志》 (清末民初)陈作霖

39. 《金陵胜迹志》 （民国）胡祥翰
40. 《金陵岁时记·岁华忆语》 （民国）潘宗鼎 （民国）夏仁虎
41. 《秦淮志》 （民国）夏仁虎
42. 《明孝陵志》 （民国）王焕镳
43. 《金陵大报恩寺塔志》 （民国）张惠衣
44. 《首都计划》 （民国）国都设计技术专员办事处
45-46. 《总理陵园管理委员会报告》 （民国）总理陵园管理委员会
47. 《总理奉安实录》 （民国）总理奉安专刊编纂委员会
48. 《总理陵园小志》 （民国）傅焕光
49. 《新都胜迹考》 （民国）周念行 徐芳田
50. 《新京备乘》 （民国）陈迺勋 杜福堃
51. 《新南京》 （民国）南京市市政府秘书处
52. 《陷京三月记》 （民国）蒋公穀
53. 《外人目睹中之日军暴行》 〔英〕田伯烈
54. 《冶城话旧·东山琐缀》 （民国）卢前
55. 《南京》 〔德〕赫达·哈默尔 阿尔弗雷德·霍夫曼
56. 《南京概况》（秘密） （民国）书报简讯社
57. 《南唐二陵发掘报告》 南京博物院
58. 《南雍咏史》 茅家琦